¡CONOCE TUS... PÁJAROS!

Una guía completa de las maravillas aviares

Aurora Naturalista

Índice

PETIRROJO AMERICANO (TURDUS MIGRATORIUS)

El petirrojo americano, conocido científicamente como Turdus migratorius, es una especie de ave muy querida y emblemática que se encuentra en toda Norteamérica. Reconocido por su característico pecho rojo anaranjado y su alegre canto, el petirrojo americano es considerado a menudo como un precursor de la primavera, símbolo de la renovación y el cambio de estación.

Características físicas:

El petirrojo americano es un pájaro cantor de tamaño mediano con el clásico pecho rojo petirrojo que destaca vivamente sobre sus partes superiores pardo grisáceas. Sus ojos brillantes están rodeados por un anillo ocular blanco y sus patas son robustas y negras. Estos pájaros suelen medir entre 25 y 30 cm de longitud.

Hábitat y área de distribución:

Los petirrojos americanos son muy adaptables y pueden encontrarse en una amplia gama de hábitats, desde bosques y jardines hasta zonas urbanas. Se distribuyen por toda Norteamérica, desde Alaska y Canadá hasta México.

Ciclo vital y comportamiento:

Los petirrojos americanos son conocidos por su peculiar comportamiento reproductor, a menudo vistos arrancando lombrices del suelo en busca de alimento. Se alimentan del suelo y tienen una dieta variada que incluye insectos, lombrices, bayas y frutas. Su comportamiento es especialmente notable durante la época de cría, cuando están ocupados alimentando a sus hambrientos polluelos.

Patrones migratorios:

Aunque los petirrojos americanos se consideran un símbolo de la primavera, también son conocidos por sus pautas migratorias. Muchos emigran al sur durante el invierno, aunque algunos permanecen en sus territorios de cría todo el año. El regreso del petirrojo a las regiones septentrionales suele ser señal de que el invierno está menguando y la primavera se vislumbra en el horizonte.

Cría y nidificación:

Los petirrojos americanos son monógamos y suelen construir sus nidos en forma de copa en árboles o arbustos, utilizando barro, ramitas y hierbas como materiales de construcción. La hembra suele poner una nidada de huevos de color azul verdoso pálido y ambos progenitores se turnan para incubarlos. Una vez nacidos, los padres trabajan sin descanso para alimentar y cuidar a sus crías.

Cantos y vocalizaciones:

Uno de los rasgos más distintivos del petirrojo americano es su melodioso canto. Su canto es una serie de frases claras y aflautadas que a menudo se describen como alegres y evocadoras de la primavera. Se sabe que estos pájaros cantan durante todo el día, especialmente durante la época de cría.

Importancia cultural:

Los petirrojos tienen un significado cultural en Norteamérica, y su regreso en primavera es esperado con impaciencia por muchos como señal de un tiempo más cálido y de la renovación de la vida. Se celebran en el folclore y la literatura, a menudo asociados con temas de esperanza y nuevos comienzos.

El petirrojo americano, con su brillante plumaje, su melodioso canto y su papel como precursor de la primavera, es un ave muy apreciada y emblemática en Norteamérica. Su adaptabilidad, su variada dieta y su vibrante presencia lo convierten en un símbolo de resistencia y de la naturaleza cíclica de la vida.

ÁGUILA CALVA (HALIAEETUS LEUCOCEPHALUS)

El águila calva, conocida científicamente como Haliaeetus leucocephalus, es una magnífica rapaz y el orgulloso símbolo nacional de los Estados Unidos de América. Venerada por su impresionante aspecto, su poderoso simbolismo y su notable función ecológica, el águila calva ocupa un lugar especial en el corazón y la mente de las personas de todo el país.

Características físicas:

El águila calva es un ave rapaz de gran tamaño, reconocible por sus características plumas blancas de la cabeza y la cola, que se desarrollan cuando el ave alcanza la madurez, en torno a los cinco años de edad. Los adultos tienen el cuerpo de color marrón oscuro, pico amarillo afilado y ojos amarillos penetrantes. Poseen una envergadura que puede alcanzar los 7 pies, lo que las convierte en una de las aves más grandes de Norteamérica.

Hábitat y área de distribución:

Las águilas calvas se encuentran principalmente cerca de grandes masas de agua abiertas, como lagos, ríos y zonas costeras. Son nativas de Norteamérica y pueden verse desde Alaska y Canadá hasta el sur de Estados Unidos. La elección de su hábitat refleja su dependencia de los peces como principal fuente de alimento.

Ciclo vital y comportamiento:

Estas magníficas aves son conocidas por sus impresionantes exhibiciones aéreas y su papel como depredadores ápice en sus ecosistemas. Las águilas calvas son cazadoras oportunistas, se alimentan principalmente de peces, pero también aprovechan la carroña y ocasionalmente cazan aves acuáticas o pequeños mamíferos.

Nidificación y vida familiar:

Las águilas calvas son conocidas por su extraordinario comportamiento a la hora de anidar. Suelen construir grandes nidos, llamados aeries, en árboles altos o en acantilados rocosos cerca de masas de agua. Estos nidos pueden alcanzar enormes proporciones con el paso de los años. Las águilas calvas son monógamas, y las parejas suelen emparejarse de por vida, trabajando juntas para cuidar de sus jóvenes aguiluchos.

Simbolismo y éxito de la conservación:

El águila calva no sólo es un símbolo de Estados Unidos, sino que también representa la libertad, la fuerza y el compromiso de la nación con la conservación de la fauna salvaje. En un momento dado, estas majestuosas aves se enfrentaron a un peligroso declive debido a la pérdida de su

9

hábitat y al uso generalizado del pesticida DDT. Sin embargo, los esfuerzos concertados de conservación, incluida la prohibición del DDT, han conducido a una notable recuperación de la población de águila calva, una verdadera historia de éxito en el mundo de la conservación de la vida salvaje.

Importancia cultural:

El águila calva tiene un profundo significado cultural para las tribus nativas americanas, que la han venerado durante siglos. Su imagen adorna muchos símbolos e historias tribales. Además, la majestuosa presencia del águila calva en estado salvaje y su papel como símbolo de orgullo nacional le han valido un lugar especial en la cultura y la historia de Estados Unidos.

El águila calva, con su majestuoso aspecto y su importancia simbólica, es una rapaz muy apreciada y emblemática de Norteamérica. Su papel como símbolo de libertad, su notable recuperación desde el borde de la extinción y su importancia ecológica como depredador superior la convierten en un poderoso recordatorio de la necesidad de conservación y gestión del mundo natural.

LECHUZA COMÚN (TYTO ALBA)

La Lechuza común, conocida científicamente como Tyto alba, es una notable y enigmática ave rapaz nocturna célebre por su aspecto etéreo, su increíble destreza cazadora y su papel esencial en el control de las poblaciones de roedores. Con su plumaje fantasmal y su vuelo silencioso, la Lechuza Común es una especie fascinante y esquiva que sigue cautivando la imaginación de los aficionados a las aves de todo el mundo.

Características físicas:

La Lechuza común se reconoce inmediatamente por su disco facial blanco en forma de corazón, que contrasta con sus partes superiores y alas de color entre tostado y marrón dorado. Las partes inferiores son típicamente blancas, las alas largas y puntiagudas y la cola corta. Ojos oscuros y pico ganchudo completan sus rasgos distintivos. La lechuza común es un ave de tamaño mediano, con una envergadura que puede superar el metro.

Hábitat y área de distribución:

La lechuza común tiene una distribución mundial y se encuentra en casi todos los continentes excepto en la Antártida. Son muy adaptables y pueden habitar en una amplia gama de entornos, desde praderas y tierras de cultivo hasta bosques y humedales. Sin embargo, suelen estar más asociadas a paisajes agrícolas y estructuras humanas, donde encuentran amplias oportunidades de caza y lugares adecuados para anidar.

Ciclo vital y comportamiento:

Las Lechuzas son principalmente nocturnas, lo que significa que son más activas por la noche. Tienen una excelente visión con poca luz y pueden localizar a sus presas sólo por el sonido. Su capacidad para volar casi en silencio es una ventaja clave para cazar, ya que les permite sorprender a sus presas con ataques sigilosos.

Caza y dieta:

Estas aves son hábiles cazadoras que se alimentan principalmente de pequeños mamíferos, sobre todo roedores como topillos y ratones. Su increíble oído les permite detectar los sonidos más débiles de sus presas moviéndose en la hierba o bajo la nieve. Las lechuzas pueden consumir un gran número de roedores en una sola noche, lo que las convierte en inestimables aliadas de los agricultores en el control de plagas.

Nidificación y vida familiar:

La lechuza común suele anidar en cavidades o estructuras, como viejos graneros, de ahí su nombre. Ponen huevos blancos y ambos progenitores comparten la responsabilidad de incubar y alimentar a las crías. Al principio, las lechuzas están cubiertas de plumón blanco y, cuando maduran, desarrollan el emblemático disco facial en forma de corazón.

Conservación y poblaciones:

Aunque actualmente no se considera que las lechuzas comunes estén en peligro de extinción, sus poblaciones pueden verse afectadas por la pérdida de hábitat, el uso de pesticidas y las muertes en carretera. Los esfuerzos de conservación suelen centrarse en proporcionar lugares adecuados para anidar y concienciar sobre la importancia de estas aves en el control natural de plagas.

Importancia cultural:

A lo largo de la historia, las lechuzas han estado asociadas a diversas creencias culturales y supersticiones. Algunas culturas las consideran heraldos de la muerte, mientras que otras las ven como símbolos de sabiduría y protección.

La lechuza común, con su aspecto de otro mundo y su papel esencial en el control de plagas, es una especie cautivadora y vital en muchos ecosistemas. Su vuelo silencioso y su asombrosa capacidad de caza la convierten en una maestra de los cielos nocturnos.

ARRENDAJO AZUL (CYANOCITTA CRISTATA)

El arrendajo azul, conocido científicamente como Cyanocitta cristata, es un ave llamativa e inteligente que adorna Norteamérica con su vibrante plumaje y su carismática presencia. Conocido por su característico plumaje azul y blanco, sus impresionantes vocalizaciones y su notable adaptabilidad, el arrendajo azul es una especie querida e icónica en el mundo aviar.

Características físicas:

Los arrendajos azules son aves de tamaño mediano en las que predomina el plumaje azul brillante, con llamativas marcas blancas en las alas y la cola. Tienen una cresta en la cabeza, que pueden subir o bajar según su estado de ánimo. Su pico es robusto y negro, y sus ojos agudos y expresivos.

Hábitat y área de distribución:

Los arrendajos azules son muy adaptables y pueden encontrarse en una amplia gama de hábitats, desde bosques caducifolios y mixtos hasta zonas urbanas y suburbanas. Son nativas de Norteamérica y su área de distribución se extiende desde el sur de Canadá hasta el Golfo de México y desde el este de Estados Unidos hasta las Montañas Rocosas.

Ciclo vital y comportamiento:

Estas aves son conocidas por su naturaleza curiosa e inteligente. Son hábiles buscadores de comida y utilizan sus fuertes picos para abrir nueces y bellotas. Los arrendajos azules también son conocidos por su hábito de guardar comida en cachés, almacenándola en varios lugares para consumirla más tarde.

Vocalizaciones y llamadas:

Los arrendajos azules no sólo son visualmente llamativos, sino también vocalmente expresivos. Tienen una amplia gama de llamadas y vocalizaciones, que incluyen graznidos ásperos y silbidos melodiosos. Sus llamadas sirven a menudo para alertar a otras aves de la presencia de depredadores.

Nidificación y vida familiar:

Los arrendajos azules construyen robustos nidos en forma de copa en árboles y arbustos. Suelen poner de 3 a 6 huevos, que incuba la hembra. Ambos progenitores comparten la responsabilidad de alimentar y cuidar a los polluelos. Los arrendajos azules protegen ferozmente sus nidos y los defienden activamente de posibles amenazas.

Dieta omnívora:

Los arrendajos azules tienen una dieta variada que incluye insectos, frutas, frutos secos, semillas y, ocasionalmente, pequeños vertebrados. Se alimentan de forma oportunista y adaptan su dieta a la estación del año.

Importancia cultural:

Los arrendajos azules han encontrado un lugar en el folclore y las tradiciones culturales de varias tribus nativas americanas. Su aspecto llamativo y su comportamiento audaz los han convertido en fuente de admiración e intriga para muchas personas. Algunas culturas las asocian con simbolismos relacionados con la comunicación y la vocalización.

Conservación y poblaciones:

Los arrendajos azules no se consideran en peligro de extinción y sus poblaciones son estables. A menudo se consideran especies indicadoras que reflejan la salud de sus ecosistemas. Mantener hábitats sanos y diversos es crucial para garantizar la presencia continuada de estas aves vibrantes.

CARDENAL NORTEÑO (CARDINALIS CARDINALIS)

El cardenal norteño, conocido científicamente como Cardinalis cardinalis, es un espléndido y querido pájaro cantor famoso por su brillante plumaje escarlata y sus melodiosos cantos. Residente durante todo el año en Norteamérica, esta carismática ave aporta un vibrante colorido y alegría a jardines, bosques y patios de todo el continente.

Características físicas:

Los cardenales septentrionales son fácilmente reconocibles por el llamativo plumaje carmesí de los machos. Los machos lucen vibrantes plumas rojas en el cuerpo, la cabeza y la cola, que contrastan a la perfección con sus máscaras y picos negros. En cambio, las hembras son de un tono marrón más apagado, con detalles rojos en las alas, la cola y la cresta. Los cardenales miden entre 20 y 30 cm de longitud.

Hábitat y área de distribución:

Estos pájaros cantores son extraordinariamente adaptables y pueden encontrarse en diversos hábitats, como bosques, zonas arbustivas, jardines suburbanos y parques. Su área de distribución se extiende por el este y el centro de Norteamérica, desde el sur de Canadá hasta México.

Ciclo vital y comportamiento:

Los cardenales septentrionales son conocidos por sus fuertes vínculos de pareja y su comportamiento territorial durante todo el año. Los machos son muy vocales y cantan todo el año para defender sus territorios y atraer a sus parejas. Sus cantos son una deliciosa combinación de silbidos, gorjeos y frases melodiosas.

Dieta y alimentación:

Los cardenales se alimentan principalmente de semillas, pero también de insectos, frutas y bayas. Sus fuertes picos cónicos están adaptados para romper semillas y frutos secos. Durante la época de cría, pueden aumentar su consumo de insectos para proporcionar proteínas esenciales a sus polluelos.

Nidificación y vida familiar:

Estas aves son monógamas y a menudo se aparean de por vida. Suelen construir sus nidos en arbustos o árboles densos, que les ofrecen protección y escondite. La hembra pone de 2 a 5 huevos, que incuba mientras el macho les proporciona alimento. Una vez que los huevos eclosionan, ambos progenitores trabajan juntos para alimentar y cuidar a sus polluelos.

Importancia cultural:

El cardenal boreal tiene un significado cultural en muchas regiones. Su vivo plumaje rojo se asocia con el amor y la pasión, mientras que sus alegres cantos se consideran portadores de alegría y positivismo. En algunas culturas nativas americanas, los cardenales se consideran mensajeros entre los vivos y el mundo de los espíritus.

Conservación y poblaciones:

Los cardenales boreales no están considerados en peligro de extinción y sus poblaciones se mantienen estables. Su adaptabilidad a paisajes alterados por el hombre, como las zonas suburbanas, les ha permitido prosperar cerca de las poblaciones humanas.

El cardenal boreal, con su vibrante plumaje, sus encantadores cantos y su adaptabilidad, es un ave cantora muy apreciada y emblemática de Norteamérica. Su presencia en jardines y bosques aporta un toque de color y música a nuestras vidas.

SOMORMUJO LAVANCO (GAVIA IMMER)

El somormujo lagunero, conocido científicamente como Gavia immer, es un ave cautivadora y enigmática de Norteamérica, célebre por sus inquietantes cantos, su aspecto llamativo y sus notables adaptaciones a un estilo de vida acuático. Estas aves acuáticas son sinónimo de los prístinos lagos septentrionales y se han convertido en iconos de la naturaleza que consideran su hogar.

Características físicas:

Los somormujos lavancos son aves grandes y elegantes con rasgos distintivos. Tienen un plumaje negro y liso en la cabeza y el cuerpo, que contrasta fuertemente con sus llamativas partes inferiores blancas. Llaman la atención sus ojos rojos y, durante la época de cría, lucen un collar de rayas blancas en el cuello. Los somormujos están hechos para bucear, con poderosas patas situadas muy atrás en el cuerpo y pies palmeados.

Hábitat y área de distribución:

Los somormujos comunes se encuentran principalmente en los lagos de agua dulce de Norteamérica, y su área de distribución abarca desde Alaska y Canadá hasta el norte de Estados Unidos. Son conocidos por su fuerte comportamiento territorial, y a menudo regresan a los mismos lagos año tras año.

Ciclo vital y comportamiento:

Estas aves están muy adaptadas a la vida en el agua. Son excelentes nadadoras y buceadoras, capaces de permanecer sumergidas durante largos periodos mientras cazan peces. Los somormujos son conocidos por sus inquietantes gritos, que resuenan en los lagos durante la época de cría. Los utilizan para defender su territorio y comunicarse con sus parejas.

Dieta y alimentación:

Las somormujos son carnívoros y se alimentan principalmente de peces, sobre todo de especies pequeñas y medianas que viven en los lagos. Son hábiles cazadores y pueden sumergirse a profundidades considerables en busca de sus presas. Su dieta también incluye invertebrados acuáticos y ocasionalmente crustáceos.

Cría y nidificación:

Los somormujos realizan elaboradas exhibiciones de cortejo, que incluyen nado sincronizado y vocalizaciones. Suelen construir sus nidos cerca de la orilla, sobre una plataforma de vegetación. La hembra suele poner de 1 a 2 huevos y ambos progenitores comparten la incubación y la crianza de los pollos. Los pollos nacen con plumas vellosas y son transportados a la espalda de sus padres para protegerlos y darles calor.

Conservación y poblaciones:

Aunque no se considera en peligro de extinción, la somormujo lavanco está expuesta a diversas amenazas, como la degradación del hábitat y las perturbaciones provocadas por actividades humanas como la navegación. Los esfuerzos de conservación suelen centrarse en proteger sus hábitats de nidificación, minimizar las perturbaciones humanas y vigilar la calidad del agua en sus lagos de cría.

Importancia cultural:

El somormujo lavanco ocupa un lugar especial en el corazón de quienes viven o visitan los espacios naturales del norte. Su inquietante llamada y su llamativo aspecto los han convertido en símbolos de lugares salvajes y remotos, encarnando la esencia de la naturaleza indómita.

BÚHO CORNUDO (BUBO VIRGINIANUS)

El búho cornudo, conocido científicamente como Bubo virginianus, es una majestuosa y formidable ave de presa que impone respeto en los reinos nocturnos. Con sus penetrantes ojos amarillos, sus prominentes "cuernos" y su vuelo silencioso, este búho reina como una de las rapaces más dominantes e icónicas de Norteamérica y Sudamérica.

Características físicas:

El búho cornudo es una especie de búho grande y robusto, caracterizado por sus impresionantes mechones de orejas, o "cuernos", que en realidad son mechones de plumas y no orejas. Su plumaje varía del marrón y gris moteado al marrón rojizo, lo que le proporciona un excelente camuflaje en sus hábitats boscosos. Estos búhos poseen poderosas garras, un pico afilado y una envergadura que puede superar el metro y medio.

Hábitat y área de distribución:

Los búhos cornudos son muy adaptables y pueden encontrarse en una amplia gama de hábitats, desde densos bosques y bosques abiertos hasta desiertos y zonas urbanas. Su distribución abarca Norteamérica y Sudamérica, desde la tundra ártica hasta las regiones más meridionales de Sudamérica.

Ciclo vital y comportamiento:

Estos búhos son conocidos por su vuelo silencioso y sigiloso, gracias a unas plumas alares especializadas que amortiguan el sonido de sus aleteos. Son principalmente cazadores nocturnos que se alimentan de diversos animales, como mamíferos, aves e incluso otras rapaces.

Dieta y caza:

Los búhos cornudos son los depredadores más importantes de sus ecosistemas y su dieta es impresionantemente variada. Cazan posándose y esperando pacientemente a que aparezca la presa, o buscando activamente comida durante los vuelos nocturnos. Tienen una aguda visión nocturna y un oído excelente, con discos faciales que canalizan el sonido hacia sus oídos, lo que les permite localizar el más leve susurro de una presa en la oscuridad.

Nidificación y vida familiar:

Estos búhos suelen anidar en cavidades de árboles o reutilizan nidos abandonados por otras aves grandes, como halcones o cuervos. Son nidificantes precoces, a menudo ponen huevos en pleno invierno, y los incuban con diligencia. Una vez que los polluelos salen del cascarón, ambos progenitores desempeñan un papel vital en la alimentación y protección de las crías.

Importancia cultural:

Los búhos cornudos han tenido durante mucho tiempo una importancia simbólica en diversas culturas. En algunas tradiciones nativas americanas, se consideran símbolos de sabiduría y protección. En otras, se consideran presagios o mensajeros.

Conservación y poblaciones:

Los búhos cornudos no están considerados en peligro de extinción y son reconocidos por su adaptabilidad y resistencia. Sin embargo, como muchas aves rapaces, pueden verse amenazadas por la pérdida de hábitat y la contaminación por pesticidas. Los esfuerzos de conservación se centran a menudo en preservar sus hábitats y educar al público sobre la importancia de estos depredadores en los ecosistemas.

El búho cornudo, con su imponente presencia, su vuelo silencioso y su extraordinaria capacidad de caza, es un auténtico soberano de los cielos nocturnos de América. Su papel como depredador superior y su adaptabilidad a diversos entornos subrayan la importancia de preservar el intrincado equilibrio de la naturaleza.

PÁJARO AZUL ORIENTAL (SIALIA SIALIS)

El pájaro azul del este, conocido científicamente como Sialia sialis, es un ave encantadora y apreciada, famosa por su brillante plumaje azul, sus melodiosos cantos y su reconfortante presencia en las regiones orientales de Norteamérica. Como símbolo de esperanza y belleza, esta encantadora ave ha cautivado los corazones de los aficionados a las aves y los amantes de la naturaleza por igual.

Características físicas:

Los azulejos orientales son pájaros pequeños y robustos con rasgos llamativos. Los machos exhiben una cautivadora combinación de plumaje azul celeste brillante en la cabeza, las alas y la cola, que contrasta elegantemente con el pecho naranja óxido y las partes inferiores blancas. Las hembras comparten el mismo patrón de color pero tienden a ser ligeramente más apagadas. Ambos sexos lucen una fina línea negra en los ojos y un pico esbelto. Su tamaño compacto los hace fácilmente reconocibles.

Hábitat y área de distribución:

Estas aves viven en diversos hábitats, como bosques abiertos, praderas, granjas y zonas suburbanas. Su área de distribución se extiende desde el este de Estados Unidos hasta partes del sur de Canadá y hacia el sur hasta México. En algunas regiones residen todo el año, mientras que otras pueden emigrar distancias cortas para escapar de los duros inviernos.

Ciclo vital y comportamiento:

Los pájaros azules orientales son conocidos por sus deliciosos cantos, compuestos de melodiosos gorjeos y notas suaves. Estos cantos son una parte importante de sus rituales de cortejo y defensa del territorio. También anidan en cavidades, utilizando huecos naturales de los árboles o cajas nido artificiales para refugiarse.

Dieta y alimentación:

Los pájaros azules tienen una dieta omnívora que incluye insectos, arañas y una variedad de frutas, especialmente durante la temporada no reproductiva, cuando los insectos pueden estar menos disponibles. Son hábiles cazadores, a menudo se posan en ramas o alambres expuestos y bajan en picado para atrapar insectos en el aire.

Nidificación y vida familiar:

Los pájaros azules son monógamos y suelen emparejarse de por vida. Realizan elaboradas exhibiciones de cortejo, en las que el macho lleva comida a la hembra como parte de sus rituales de cortejo. Anidan en cavidades de árboles o en cajas nido, donde suelen poner de 2 a 7 huevos de color azul pálido. Ambos progenitores comparten la incubación y la crianza de los polluelos.

Conservación y poblaciones:

Los esfuerzos de conservación, incluido el establecimiento de programas de cajas nido, han sido fundamentales para mantener las poblaciones de pájaros azules orientales. Estas aves se enfrentaban a un declive debido a la pérdida de hábitat y a la competencia con especies de aves no autóctonas. Hoy son un símbolo del éxito de las iniciativas de conservación y de la implicación de la comunidad.

Importancia cultural:

Los pájaros azules del este han tenido un significado cultural para muchos, simbolizando a menudo la felicidad, la esperanza y la buena fortuna. Sus vibrantes colores y alegres cantos los han convertido en fuente de inspiración en el arte, la literatura y el folclore.

El pájaro azul oriental, con su plumaje vibrante, sus cantos melódicos y su simbolismo cultural, es un ave querida y emblemática del este de Norteamérica. Su historia de éxito en la conservación es un testimonio del impacto positivo de los esfuerzos humanos para preservar el mundo natural.

HALCÓN PEREGRINO (FALCO PEREGRINUS)

El halcón peregrino, conocido científicamente como Falco peregrinus, es una extraordinaria y renombrada ave de presa famosa por su impresionante velocidad, sus formidables habilidades de caza y su extraordinaria adaptabilidad a diversos hábitats. Como uno de los animales más rápidos de la Tierra, el halcón peregrino cautiva tanto a los aficionados a las aves como a los científicos.

Características físicas:

Los halcones peregrinos son rapaces de tamaño medio y características sorprendentes. Tienen un cuerpo estilizado y aerodinámico, ideal para persecuciones aéreas a gran velocidad. Su plumaje varía, pero suelen tener el dorso azul grisáceo, la garganta y el pecho de color blanco a crema y unas características marcas negras en la cabeza. Su pico afilado y curvado y sus garras son herramientas formidables para cazar.

Hábitat y área de distribución:

Estos halcones son increíblemente adaptables y su área de distribución se extiende por todo el planeta, abarcando todos los continentes excepto la Antártida. Suelen encontrarse en diversos hábitats, desde acantilados costeros y cordilleras hasta rascacielos urbanos y humedales.

Ciclo vital y comportamiento:

Los halcones peregrinos son conocidos por su vuelo rápido y encorvado durante la caza, que puede alcanzar velocidades de hasta 240 millas por hora (386 kilómetros por hora). Se alimentan principalmente de otras aves, a las que golpean en el aire con una precisión asombrosa. Su técnica de caza y su velocidad las convierten en depredadores ápice en muchos ecosistemas.

Dieta y caza:

Los halcones peregrinos son conocidos por su dieta especializada en aves, que capturan en pleno vuelo mediante impresionantes acrobacias aéreas. Utilizan sus poderosas garras para golpear a su presa, a menudo asestándole un único golpe letal. Esta técnica de caza se denomina "stoop" y es una de las demostraciones de precisión más sobrecogedoras del reino animal.

Nidificación y vida familiar:

Estos halcones son territoriales y se aparean de por vida. Construyen sus nidos en acantilados, árboles o estructuras artificiales como edificios altos o puentes. La hembra suele poner de 2 a 4 huevos, y ambos progenitores comparten la incubación y la crianza de los pollos. Los pollos de halcón peregrino, llamados ojuelos, salen del nido y se independizan al cabo de unos meses.

Conservación y poblaciones:

Los halcones peregrinos sufrieron drásticos descensos de población a mediados del siglo XX debido a los efectos del pesticida DDT, que provocaba el adelgazamiento de la cáscara de los huevos. Sin embargo, los amplios esfuerzos de conservación, incluida la prohibición del DDT, han conducido a una notable recuperación de sus poblaciones. Ahora se les considera un éxito de la conservación, pues demuestran la resistencia de la naturaleza cuando se le da la oportunidad de recuperarse.

Importancia cultural:

A lo largo de la historia, los halcones peregrinos han sido muy apreciados por su destreza en la caza y se han utilizado en cetrería, una práctica que se remonta a siglos atrás. También han tenido un significado cultural en diversas sociedades, simbolizando tanto el poder como la velocidad.

El halcón peregrino, con su asombrosa velocidad, sus mortíferas habilidades de caza y su éxito en materia de conservación, es un testimonio de la belleza y adaptabilidad de las aves rapaces.

COLIBRÍ GARGANTA RUBÍ (ARCHILOCHUS COLUBRIS)

El colibrí garganta de rubí, conocido científicamente como Archilochus colubris, es un ave fascinante y encantadora célebre por su aspecto de joya, sus asombrosas habilidades aéreas y su entrañable presencia en los jardines del este de Norteamérica. Esta pequeña maravilla, la única especie de colibrí que se reproduce en el este de Norteamérica, ha cautivado tanto a los aficionados a las aves como a los jardineros.

Características físicas:

El colibrí garganta de rubí es uno de los pájaros más pequeños del mundo, ya que sólo mide entre 5 y 10 centímetros. Su plumaje es predominantemente verde iridiscente, que brilla a la luz del sol, dándoles un aspecto de joya. Los machos lucen una brillante mancha roja rubí en la garganta (gorguera), que puede parecer negra en determinadas condiciones de iluminación. Tienen un pico delgado en forma de aguja y un rápido batir de alas.

Hábitat y área de distribución:

Estos colibríes se encuentran principalmente en el este de Norteamérica durante la época de cría, desde el sur de Canadá hasta el Golfo de México. Sus hábitats preferidos incluyen bosques, praderas, jardines y zonas cercanas a fuentes de agua, donde pueden encontrar flores ricas en néctar e insectos.

Ciclo vital y comportamiento:

Los colibríes garganta de rubí son conocidos por sus asombrosas habilidades aéreas, que incluyen el vuelo estacionario en el aire, el vuelo rápido hacia delante y hacia atrás e incluso el vuelo boca abajo. Son aves solitarias durante gran parte del año, pero se vuelven territoriales y competitivas cuando se trata de alimentarse en las fuentes de néctar.

Dieta y alimentación:

Los colibríes son nectarívoros y se alimentan principalmente del néctar de las flores. Tienen lenguas y picos especializados para extraer el néctar de las profundidades de las flores. Además de néctar, también consumen pequeños insectos y arañas, que les aportan proteínas esenciales para su dieta.

Nidificación y vida familiar:

Estos diminutos pájaros construyen intrincados nidos en forma de copa, hechos de material vegetal y seda de araña, y los sujetan a las ramas de los árboles. La hembra pone de 1 a 3 huevos blancos del tamaño de un guisante, que incuba diligentemente. Tras la eclosión, la hembra cuida de los polluelos, mientras que el macho puede ayudar proporcionándoles alimento. Los pollos de colibrí garganta rubí abandonan el nido aproximadamente tres semanas después de nacer.

Migración y conservación:

El colibrí garganta rubí es un ave migratoria que se reproduce en Norteamérica y pasa el invierno en Centroamérica. Emprenden viajes de larga distancia, cruzando el Golfo de México durante la migración. Los esfuerzos de conservación se centran a menudo en proporcionar hábitats adecuados y fuentes de alimento para estas aves, especialmente durante su migración.

Importancia cultural:

Los colibríes garganta de rubí han tenido un significado cultural en muchas culturas indígenas, simbolizando el amor, la alegría y la belleza. Sus deslumbrantes colores y su encantadora presencia los han convertido en objeto de arte, folclore y mitología.

El colibrí garganta rubí, con su aspecto de joya, su asombrosa capacidad de vuelo y su importancia como polinizador, es un símbolo cautivador de las maravillas de la naturaleza.

JILGUERO AMERICANO (SPINUS TRISTIS)

El jilguero americano, conocido científicamente como Spinus tristis, es un pájaro encantador y vibrante célebre por su brillante plumaje amarillo, sus alegres cantos y sus juguetonas travesuras. Símbolo del verano y la alegría, este encantador pájaro ilumina los jardines y prados de toda Norteamérica.

Características físicas:

Los jilgueros americanos son pájaros pequeños de rasgos llamativos. Los machos adultos lucen un brillante plumaje amarillo limón durante la época de cría, que contrasta con un llamativo capuchón y alas negras. En invierno, su plumaje se desvanece en un marrón oliváceo más apagado. Las hembras lucen un plumaje invernal similar durante todo el año, con plumas de color marrón oliva y sutiles toques amarillos. Tienen un pico pequeño y puntiagudo, perfecto para alimentarse de semillas.

Hábitat y área de distribución:

Estos pinzones suelen encontrarse en hábitats abiertos, como prados, campos, jardines y bordes de bosques. Su área de distribución abarca gran parte de Norteamérica, desde el sur de Canadá hasta el norte de México, pasando por Estados Unidos. Residen todo el año en algunas regiones y migran en otras.

Ciclo vital y comportamiento:

Los jilgueros americanos son conocidos por sus alegres y musicales cantos, a menudo descritos como "per-chik-o-ree". Son aves sociales y suelen reunirse en bandadas, sobre todo durante la época no reproductora. Estos pinzones también son conocidos por sus juguetones patrones de vuelo, mostrando maniobras acrobáticas en el aire.

Dieta y alimentación:

Los jilgueros se alimentan principalmente de semillas y tienen una dieta especializada que incluye semillas de cardo, diente de león y otras pequeñas semillas de diversas plantas. Son expertos recolectores y utilizan sus afilados picos para extraer las semillas de las flores, a menudo colgando boca abajo mientras lo hacen.

Nidificación y vida familiar:

Estas aves son especies de nidificación tardía, que esperan hasta finales del verano, cuando las semillas son abundantes. Suelen construir sus nidos en arbustos y árboles, lo que les proporciona cobijo y protección para sus crías. La hembra pone de 3 a 7 huevos de color azul pálido, y ambos progenitores comparten las tareas de incubación y cría de los polluelos.

Conservación y poblaciones:

36

Los jilgueros americanos no están considerados en peligro de extinción y sus poblaciones son estables. Son visitantes frecuentes de los comederos de aves, donde disfrutan con las semillas de girasol y de cardo. Proporcionar un hábitat adecuado y fuentes de alimento, especialmente durante el invierno, puede ayudar a mantener a estos coloridos pinzones.

Importancia cultural:

El jilguero americano se asocia a menudo con el verano y el sol. Su vibrante plumaje amarillo ha llevado a incluirlo como ave estatal de Iowa y Washington. En algunas culturas indígenas, el jilguero se considera un símbolo de felicidad y energía positiva.

El jilguero americano, con su radiante plumaje amarillo, sus alegres cantos y su carácter juguetón, es un símbolo entrañable del verano y una fuente de deleite para los aficionados a las aves. Su presencia en jardines y praderas nos recuerda las sencillas alegrías del mundo natural.

AGUILILLA COLA ROJA (BUTEO JAMAICENSIS)

El halcón de cola roja, conocido científicamente como Buteo jamaicensis, es una formidable e icónica rapaz célebre por su majestuoso aspecto, su aguda destreza para la caza y su papel como centinela de los cielos de Norteamérica. Con sus vuelos elevados y su mirada penetrante, esta magnífica rapaz encarna el espíritu de la naturaleza.

Características físicas:

Los halcones de cola roja son aves grandes e imponentes con rasgos distintivos. Se caracterizan por sus alas anchas, de hasta metro y medio de envergadura, y una prominente cola de color rojo óxido que les da nombre. Su plumaje varía:

los adultos suelen presentar plumas de color marrón oscuro en el dorso y una parte inferior pálida veteada de marrón. Estas rapaces tienen picos afilados y curvados y fuertes garras, ideales para capturar presas.

Hábitat y área de distribución:

Estos halcones son muy adaptables y pueden encontrarse en una gran variedad de hábitats, desde campos abiertos y praderas hasta bosques y montañas. Su área de distribución se extiende por toda Norteamérica, desde Alaska y Canadá hasta el sur de Estados Unidos, e incluso pueden verse en partes de Centroamérica durante la migración.

Ciclo vital y comportamiento:

Los halcones de cola roja son conocidos por sus impresionantes vuelos, a menudo sobrevolando el cielo en corrientes térmicas ascendentes. Son cazadores solitarios que se posan en puntos elevados y escudriñan el paisaje en busca de presas. Su aguda visión les permite divisar pequeños mamíferos, aves e incluso reptiles desde grandes distancias.

Dieta y caza:

Estos halcones son cazadores oportunistas y tienen una dieta variada que incluye mamíferos como roedores, conejos y ardillas, así como aves, serpientes y, ocasionalmente, carroña. Son famosos por sus golpes potentes y precisos, en los que utilizan sus fuertes garras para capturar presas en el suelo o en el aire.

Nidificación y vida familiar:

Los halcones de cola roja son monógamos y a menudo se aparean de por vida. Construyen sus nidos en árboles, acantilados o incluso en estructuras artificiales como postes y edificios. La hembra suele poner de 1 a 5 huevos, que incuba diligentemente. Ambos progenitores comparten la incubación y la crianza de los pollos. Los pollos de aguililla colirroja, llamados ojazos, salen del nido y se independizan al cabo de varias semanas.

Conservación y poblaciones:

Los halcones de cola roja no se consideran en peligro de extinción y tienen poblaciones estables. Están protegidos por leyes que prohíben su caza y captura. Los esfuerzos de conservación suelen centrarse en preservar sus hábitats y concienciar sobre su importancia ecológica.

Importancia cultural:

El halcón de cola roja ha tenido un significado cultural en varias culturas indígenas, simbolizando a menudo la visión, la fuerza y la libertad. También son temas populares en el arte y la literatura, ya que representan el espíritu de la naturaleza salvaje.

CURRUCA RABILARGA (SETOPHAGA PETECHIA)

La curruca rabilarga, conocida científicamente como Setophaga petechia, es un pájaro cantor vibrante y melodioso célebre por su radiante plumaje amarillo, sus alegres cantos y su afinidad por los hábitats de humedales de todo el continente americano. Con su carácter alegre y sus serenatas musicales, esta encantadora curruca alegra los corazones de los aficionados a las aves y los amantes de la naturaleza.

Características físicas:

Las currucas amarillas son aves pequeñas y vivaces con rasgos distintivos. Los machos adultos están adornados con un plumaje amarillo limón brillante, mientras que las hembras y los jóvenes tienen una coloración amarilla más tenue. Tienen cuerpo esbelto, cola larga y pico puntiagudo, que utilizan para capturar insectos, su principal fuente de alimento.

Hábitat y área de distribución:

Estas currucas suelen encontrarse en diversos hábitats, con una marcada preferencia por los humedales, como marismas, riberas y zonas pantanosas. Su área de distribución se extiende por todo el continente americano, desde Alaska y Canadá hasta el sur de Estados Unidos, y emigran a Centroamérica y Sudamérica durante los meses de invierno.

Ciclo vital y comportamiento:

Las currucas amarillas son conocidas por sus alegres y melodiosos cantos, que consisten en notas dulces y repetitivas descritas a menudo como "dulce-dulce-dulce, soy tan dulce". Sus cantos son parte integrante de sus rituales de cortejo y defensa del territorio. También son ágiles buscadores de alimento, saltando de rama en rama y del follaje para capturar insectos.

Dieta y alimentación:

Estas currucas son insectívoras y su dieta consiste principalmente en insectos, arañas y otros pequeños invertebrados. Recogen insectos de hojas, ramas y flores con notable agilidad y precisión.

Nidificación y vida familiar:

La curruca rabilarga construye nidos en forma de copa hechos de hierbas, fibras vegetales y plumas, a menudo colocados en arbustos bajos o vegetación cercana al agua. La hembra suele poner de 3 a 5 huevos de color azul pálido o verdoso. Ambos progenitores participan en la incubación de los huevos y el cuidado de los polluelos. Una vez que los jóvenes salen del nido, siguen siendo alimentados por sus padres durante un breve periodo antes de independizarse.

Conservación y poblaciones:

Las currucas amarillas no están consideradas en peligro de extinción y tienen poblaciones estables. A menudo se utilizan como indicadores de la salud de los humedales por su estrecha relación con estos hábitats. Los esfuerzos de conservación se centran en preservar los humedales y mantener zonas de cría adecuadas para estos vibrantes pájaros cantores.

Importancia cultural:

El brillante plumaje amarillo de la curruca rabilarga y su melodioso canto le han valido un lugar especial en el corazón y la cultura de muchas comunidades indígenas y aficionados a las aves. Su presencia suele considerarse un presagio de la primavera y un símbolo de renovación y felicidad.

La curruca rabilarga, con su plumaje brillante como el sol, sus alegres cantos y su afinidad por los humedales, es un símbolo de vitalidad y de la importancia de preservar los hábitats naturales. Al apreciar a la curruca rabilarga, conectamos con la belleza de la naturaleza y el papel vital que estas melodiosas aves desempeñan en nuestros ecosistemas.

ÁGUILA PESCADORA (PANDION HALIAETUS)

El águila pescadora, conocida científicamente como Pandion haliaetus, es una rapaz notable y poderosa célebre por su llamativo aspecto, sus notables habilidades pesqueras y su amplia presencia en hábitats costeros de todo el mundo. Símbolo de la precisión y la gracia de la naturaleza, esta magnífica rapaz cautiva la imaginación tanto de los aficionados a las aves como de los conservacionistas.

Características físicas:

Las águilas pescadoras son aves grandes y características. Tienen la cabeza y la parte inferior blancas, lo que contrasta con el plumaje entre marrón oscuro y negro del dorso y las alas. Sus rostros están adornados con una distintiva franja ocular negra que se extiende hasta sus afilados y curvados picos. Las águilas pescadoras poseen poderosas garras y fuertes alas para cazar con eficacia.

Hábitat y área de distribución:

Estas rapaces están muy adaptadas a los entornos costeros y suelen encontrarse a lo largo de las costas, estuarios y grandes masas de agua dulce, incluidos lagos y ríos. Tienen una distribución casi mundial y habitan en regiones de todos los continentes excepto la Antártida.

Ciclo vital y comportamiento:

Las águilas pescadoras son conocidas por sus impresionantes habilidades de caza, sobre todo cuando se trata de pescar. Están muy especializadas en la captura de peces y a menudo se las ve sobrevolando masas de agua, escudriñando la superficie en busca de posibles presas. Su aguda vista les permite avistar peces desde alturas considerables.

Dieta y caza:

Las águilas pescadoras son principalmente piscívoras, es decir, se alimentan sobre todo de peces. Tienen garras afiladas y una técnica de caza única. Cuando ven un pez cerca de la superficie, se lanzan en picado y se sumergen brevemente para atraparlo. El dedo exterior reversible y las almohadillas con púas de la suela les ayudan a agarrarse bien a los peces resbaladizos durante el vuelo.

Nidificación y vida familiar:

Las águilas pescadoras construyen grandes nidos, conocidos como ojivas, que suelen colocar en árboles, acantilados o estructuras artificiales como postes de electricidad. La hembra pone de 2 a 4 huevos y ambos padres comparten las tareas de incubación. Una vez que nacen los pollos, ambos padres participan activamente en la caza y la alimentación. Los pollos de águila pescadora abandonan el nido al cabo de varias semanas y acaban independizándose.

Conservación y poblaciones:

Las águilas pescadoras no están consideradas en peligro de extinción y han mostrado una notable recuperación en algunas regiones gracias a los esfuerzos de conservación y a la prohibición de pesticidas nocivos. Sirven de indicadores de la salud de los humedales y están protegidas por leyes que prohíben su caza y captura.

Importancia cultural:

Las águilas pescadoras han tenido un significado cultural en diversas sociedades, simbolizando la fuerza, la resistencia y la interconexión de los ecosistemas costeros. También son objeto de admiración e investigación, pues aportan valiosos conocimientos sobre la salud de los medios acuáticos.

SINSONTE NORTEÑO (MIMUS POLYGLOTTOS)

El ruiseñor común, conocido científicamente como Mimus polyglottos, es un cautivador pájaro cantor de gran talento vocal, célebre por sus notables habilidades mímicas, su elegante aspecto y su animada presencia en paisajes urbanos y suburbanos de toda Norteamérica. Con su variado repertorio de melodías y su encantadora personalidad, este maestro aviar aporta un toque salvaje a nuestra vida cotidiana.

Características físicas:

El ruiseñor común es un ave esbelta de tamaño mediano y aspecto grácil. Tienen un plumaje gris con partes inferiores blancas, prominentes manchas blancas en las alas que destellan en vuelo y una cola larga y esbelta. Su pico es fino y ligeramente curvado, ideal para desplumar insectos y frutas.

Hábitat y área de distribución:

Estos pájaros cantores son muy adaptables y suelen encontrarse en diversos hábitats, como jardines, parques, suburbios y bosques abiertos. Su área de distribución se extiende por Norteamérica, desde el sur de Canadá hasta México, pasando por Estados Unidos.

Ciclo vital y comportamiento:

Los ruiseñores septentrionales son conocidos por su virtuoso canto, a menudo con un rico y melodioso popurrí de melodías. Cantan con energía durante todo el año y se sabe que cantan de noche durante la época de cría para atraer a sus parejas. También son ferozmente territoriales y defienden con determinación los lugares elegidos para anidar.

Dieta y alimentación:

Los sinsontes tienen una dieta omnívora y se alimentan de una gran variedad de alimentos, como insectos, bayas, frutas e incluso pequeños reptiles. Su estilo de búsqueda de alimento es ágil y persistente, ya que buscan insectos en el follaje o arrancan frutos de los árboles.

Nidificación y vida familiar:

Estos pájaros construyen nidos en forma de copa hechos de ramitas, hierbas y hojas, a menudo escondidos en arbustos o árboles. La hembra suele poner de 3 a 5 huevos de color azul pálido, que incuba con diligencia. Ambos padres comparten la incubación y la crianza de los pollos. Los pollos del ruiseñor abandonan el nido al cabo de varias semanas y siguen siendo alimentados por sus padres hasta que se independizan.

Conservación y poblaciones:

Los ruiseñores boreales no se consideran en peligro y tienen poblaciones estables. Su adaptabilidad a los entornos urbanos y suburbanos les ha permitido prosperar en zonas modificadas por las actividades humanas.

Importancia cultural:

Los sinsontes han tenido un significado cultural en diversas sociedades, a menudo simbolizando la creatividad, la comunicación y el poder de la mímica. Sus encantadores cantos los han hecho populares en la literatura, la música y el folclore.

El ruiseñor norteño, con su virtuoso mimetismo, su elegante aspecto y su adaptabilidad a la vida urbana, es un encantador recordatorio de la resistencia y la creatividad de la naturaleza. Sus cantos llenan nuestros barrios de melodías que evocan la naturaleza salvaje.

CERNÍCALO VULGAR AMERICANO (FALCO SPARVERIUS)

El cernícalo americano, conocido científicamente como Falco sparverius, es un cautivador y pequeño halcón célebre por su vibrante plumaje, sus extraordinarias habilidades para la caza y su briosa presencia en los paisajes abiertos de todo el continente americano. Con su llamativo aspecto y sus ágiles maniobras aéreas, esta diminuta rapaz acapara la atención de los aficionados a las aves y los amantes de la naturaleza.

Características físicas:

El cernícalo vulgar es uno de los halcones más pequeños de Norteamérica y presenta un sorprendente dimorfismo sexual en su plumaje. Los machos adultos lucen una llamativa combinación de alas azul grisáceo, dorso color óxido y llamativas marcas negras en la cara. Las hembras, por su parte, presentan marcas similares, pero carecen de la vibrante coloración azul grisácea. Ambos sexos tienen una distintiva línea negra, o "raya malar", que se extiende desde los ojos. Poseen picos afilados y ganchudos y formidables garras para cazar.

Hábitat y área de distribución:

Estos halcones son adaptables y suelen encontrarse en diversos hábitats abiertos, como praderas, pastizales, desiertos e incluso zonas urbanas. Su área de distribución abarca el continente americano, desde Alaska y Canadá hasta América Central y del Sur.

Ciclo vital y comportamiento:

Los cernícalos americanos son conocidos por su agilidad y destreza aérea. A menudo se les ve encaramados a puntos elevados, como postes de electricidad y postes de vallas, desde donde escudriñan el paisaje en busca de presas. También son hábiles cazadores, capturando insectos, pequeños mamíferos y aves mediante maniobras de vuelo rápidas y precisas.

Dieta y caza:

Los cernícalos son principalmente carnívoros, con una dieta que incluye insectos, pequeños roedores, aves e incluso reptiles. Su estrategia de caza suele consistir en planear en el aire antes de realizar rápidas y controladas inmersiones para atrapar a sus presas con sus afiladas garras:

Estos halcones construyen sus nidos en cavidades, a menudo reutilizando viejos agujeros de pájaros carpinteros o estructuras artificiales como cajas nido. La hembra suele poner de 3 a 7 huevos, que incuba con diligencia. Ambos progenitores comparten la incubación y la crianza de los pollos. Los pollos de cernícalo abandonan el nido al cabo de varias semanas y siguen siendo alimentados por sus padres mientras desarrollan sus habilidades de caza.

Conservación y poblaciones:

Los cernícalos americanos no se consideran en peligro de extinción y tienen poblaciones estables. Sin embargo, como muchas rapaces, pueden enfrentarse a amenazas como la pérdida de hábitat y la contaminación por pesticidas. Los esfuerzos de conservación suelen consistir en proporcionarles cajas nido para favorecer su éxito reproductor.

Importancia cultural:

Los cernícalos han tenido un significado cultural en varias culturas indígenas, a menudo simbolizando rapidez, agilidad y adaptabilidad. Su presencia en paisajes urbanos y rurales los ha convertido en sujetos accesibles para la observación de aves y la fotografía de fauna salvaje.

BÚHO CHILLÓN ORIENTAL (MEGASCOPS ASIO)

El búho chillón oriental, conocido científicamente como Megascops asio, es un búho cautivador y enigmático célebre por su pequeña estatura, sus inquietantes llamadas y su presencia sigilosa en los bosques del este de Norteamérica. Con su plumaje camuflado y sus hipnotizantes vocalizaciones, este encantador nocturno seduce a los aficionados a las aves y despierta la imaginación.

Características físicas:

Los búhos chillones orientales se encuentran entre los búhos más pequeños de Norteamérica, ya que sólo miden entre 7 y 10 pulgadas de longitud. Presentan notables variaciones en el plumaje con fases de color gris y marrón rojizo. Este dimorfismo ayuda a su camuflaje, permitiéndoles mezclarse perfectamente con la corteza de los árboles. Tienen unos expresivos "cuernos", conocidos como mechones auriculares, que no son orejas, sino que sirven para romper su contorno y mejorar su apariencia críptica. Sus ojos son grandes y están orientados hacia delante, lo que les proporciona una excelente visión nocturna.

Hábitat y área de distribución:

Estos búhos son muy adaptables y suelen encontrarse en diversos hábitats arbolados, como bosques caducifolios y de coníferas, parques y zonas suburbanas. Su área de distribución abarca el este de Norteamérica, desde el sur de Canadá hasta México, pasando por el este de Estados Unidos.

Ciclo vital y comportamiento:

Los búhos chillones orientales son principalmente nocturnos y conocidos por sus inquietantes y agudos reclamos, que incluyen trinos y relinchos. Sus vocalizaciones se oyen a menudo durante la época de cría, cuando se comunican con posibles parejas y establecen territorios. Son aves solitarias, y durante el día permanecen ocultas en cavidades de árboles o cajas nido.

Dieta y caza:

Estos búhos son hábiles cazadores con una dieta que incluye una gran variedad de presas, como insectos, pequeños mamíferos, aves y, ocasionalmente, anfibios y reptiles. Utilizan su agudo oído para detectar el susurro de sus presas en el suelo del bosque o entre el follaje. Con un vuelo rápido y silencioso, se lanzan en picado para capturar a su presa con sus afiladas garras.

Nidificación y vida familiar:

Los búhos chillones orientales anidan en cavidades, a menudo en agujeros de pájaros carpinteros abandonados o en cajas nido construidas por el hombre. La hembra suele poner de 2 a 6 huevos blancos, que incuba con diligencia. Ambos progenitores comparten la incubación y la crianza de los pollos. Una vez que nacen los pollos, sus padres los alimentan con presas regurgitadas. A medida que crecen, los jóvenes búhos practican sus habilidades de caza bajo la guía de sus padres.

Conservación y poblaciones:

Los búhos chillones orientales no se consideran en peligro de extinción y tienen poblaciones estables. Son una parte valiosa del ecosistema, ya que ayudan a controlar las poblaciones de insectos y pequeños roedores. Los esfuerzos de conservación suelen incluir la instalación de cajas nido para favorecer su éxito reproductor.

Importancia cultural:

Los búhos chillones han tenido un significado cultural en varias culturas indígenas, a menudo simbolizando el misterio, la sabiduría y la magia nocturna. Sus inquietantes llamadas han inspirado folclore y leyendas.

ALA DE CEDRO (BOMBYCILLA CEDRORUM)

El Cedar Waxwing, conocido científicamente como Bombycilla cedrorum, es un ave canora grácil y nómada célebre por su plumaje sedoso, sus marcas únicas y su encantadora presencia durante sus visitas estacionales por Norteamérica. Con su aire de sofisticación y sus reuniones comunales, esta ave errante capta la admiración de observadores de aves y entusiastas de la naturaleza.

Características físicas:

Los pájaros cerqueros del cedro son pájaros cantores de tamaño mediano con rasgos distintivos. Se caracterizan por su plumaje suave y sedoso, principalmente gris parduzco. Sus rasgos más notables incluyen una elegante cresta en la cabeza, máscaras negras que se extienden hasta la parte posterior de los ojos y brillantes puntas amarillas en la cola. Sus alas están adornadas con llamativas puntas cerosas rojas en las plumas secundarias, que les dan su nombre.

Tienen un cuerpo estilizado y esbelto y un pico puntiagudo ideal para capturar fruta.

Hábitat y área de distribución:

Estos pájaros encerados son muy adaptables y pueden encontrarse en diversos hábitats, como bosques, huertos, parques y zonas suburbanas. Su área de distribución abarca Norteamérica y varía estacionalmente debido a sus hábitos nómadas.

Ciclo vital y comportamiento:

Los pájaros enceradores del cedro son conocidos por su naturaleza sociable, a menudo buscando comida y posándose en grandes bandadas. Prefieren los árboles y arbustos frutales y son conocidos por su singular método de pasarse fruta de un pájaro a otro en un ritual conocido como "regalar". Se cree que este comportamiento refuerza los vínculos sociales.

Dieta y alimentación:

Estas alas cerúleas son principalmente frugívoras, con una dieta que gira en torno a la fruta, especialmente bayas y frutos pequeños. Les encanta la fruta demasiado madura, que les proporciona el sustento azucarado que necesitan durante sus vuelos nómadas. También son hábiles cazando insectos en el aire, lo que complementa su dieta con insectos ricos en proteínas.

Nidificación y vida familiar:

Son monógamos y suelen emparejarse de por vida. Construyen nidos en forma de copa hechos de hierbas, ramitas y corteza, normalmente colocados en árboles o arbustos. La hembra suele poner de 3 a 5 huevos de color azul pálido, que incuba con diligencia. Ambos progenitores comparten la incubación y la crianza de los pollos. Una vez que nacen los pollos, sus padres los alimentan con fruta e insectos. Los pollos abandonan el nido al cabo de varias semanas.

Conservación y poblaciones:

El cernícalo vulgar no está considerado en peligro de extinción y sus poblaciones son estables. Sus hábitos nómadas dificultan la evaluación de las poblaciones, pero son una parte valiosa de los ecosistemas, ya que contribuyen a la dispersión de semillas al consumir frutos.

Importancia cultural:

Los alcaravanes son admirados por su aspecto elegante y su comportamiento comunitario. A menudo simbolizan la cooperación, el compartir y la belleza de la naturaleza.

OROPÉNDOLA DE BALTIMORE (ICTERUS GALBULA)

La Oropéndola de Baltimore, conocida científicamente como Icterus galbula, es un llamativo y melodioso pájaro cantor célebre por su vivo plumaje, sus encantadores cantos y la alegría que transmite como heraldo del verano en todo el este de Norteamérica. Con su brillante atuendo naranja y negro y sus serenatas que resuenan por los bosques, esta belleza aviar cautiva los corazones de los observadores de aves y los entusiastas de la naturaleza.

Características físicas:

Los Orioles de Baltimore son pájaros cantores de tamaño mediano con un plumaje vibrante y llamativo. Los machos adultos lucen un cuerpo amarillo anaranjado brillante y alas, cola y cabeza negras en contraste. Su llamativo aspecto se ve acentuado por una barra alar blanca y barras blancas en las alas negras. Las hembras y los inmaduros son más apagados, con tonos amarillo oliva que sustituyen al naranja brillante.

Hábitat y área de distribución:

Estas oropéndolas habitan principalmente en bosques caducifolios, arboledas y jardines. Su área de distribución abarca el este de Norteamérica, desde el sur de Canadá hasta México y Centroamérica, pasando por el este de Estados Unidos. Son visitantes estivales especialmente apreciados en las zonas septentrionales de su área de distribución.

Ciclo vital y comportamiento:

Los Orioles de Baltimore son conocidos por sus melodiosos cantos, que consisten en ricos silbidos y gorjeos aflautados. Sus cantos se asocian a menudo con la llegada del buen tiempo y el florecimiento de la primavera y el verano. Son principalmente insectívoros durante la época de cría, pero cambian a una dieta de frutas a medida que avanza el verano.

Dieta y alimentación:

Durante la época de cría, los Orioles de Baltimore se alimentan principalmente de insectos, arañas y néctar. Son expertos en sondear las flores con sus picos especializados para acceder al néctar. A finales del verano y principios del otoño, cambian a una dieta basada en frutas, atiborrándose de bayas y otras fuentes de fruta disponibles.

Nidificación y vida familiar:

Los Orioles de Baltimore construyen nidos colgantes, en forma de bolsa, suspendidos de las puntas de las ramas. La hembra suele poner de 3 a 7 huevos de color azul pálido, que incuba con diligencia. Ambos progenitores comparten la incubación y la crianza de los pollos. Una vez que los pollos salen del cascarón, sus padres los alimentan a base de insectos y, más tarde, de fruta. Los jóvenes abandonan el nido al cabo de varias semanas.

Conservación y poblaciones:

Los Orioles de Baltimore no se consideran en peligro de extinción y tienen poblaciones estables. Son importantes polinizadores de las flores al alimentarse de néctar y desempeñan un papel en el control de las poblaciones de insectos.

Importancia cultural:

Estas oropéndolas han sido admiradas por su brillante plumaje y sus melodiosos cantos. A menudo simbolizan la belleza del verano, la llegada del calor y la renovación de la vida en la naturaleza.

CORNEJA AMERICANA (CORVUS BRACHYRHYNCOS)

El cuervo americano, conocido científicamente como Corvus brachyrhynchos, es un ave muy inteligente y adaptable célebre por su brillante plumaje negro, sus complejas vocalizaciones y su enigmática presencia en toda Norteamérica. Con su misterioso encanto y su capacidad para prosperar en diversos entornos, este córvido ha intrigado durante mucho tiempo a los aficionados a las aves y a los observadores del mundo natural.

Características físicas:

Los cuervos americanos son aves de tamaño mediano y plumaje completamente negro, que brilla con iridiscencia bajo la luz del sol. Tienen un pico robusto, patas fuertes y cola en forma de abanico. Sus ojos son sorprendentemente oscuros y expresivos, y poseen un agudo ingenio que se hace evidente en su comportamiento.

Hábitat y área de distribución:

Estos cuervos son muy adaptables y pueden encontrarse en una amplia gama de hábitats, desde bosques y praderas hasta zonas urbanas y suburbanas. Tienen una vasta distribución que abarca Norteamérica, desde los confines septentrionales de Alaska y Canadá hasta las regiones más meridionales de Estados Unidos.

Ciclo vital y comportamiento:

Los cuervos americanos son conocidos por sus vocalizaciones, que incluyen una amplia gama de llamadas, desde el familiar "graznido" hasta sonidos más complejos y variados. Son aves sociales que suelen posarse y buscar alimento en grupos familiares. Los cuervos son muy inteligentes y han demostrado su capacidad para resolver problemas y utilizar herramientas en estudios científicos.

Dieta y alimentación:

Los cuervos son omnívoros y tienen una dieta variada que incluye insectos, pequeños mamíferos, carroña, frutas y semillas. Son buscadores oportunistas y se sabe que hurgan en busca de comida, por lo que son valiosos en los ecosistemas como carroñeros que ayudan a limpiar la carroña.

Nidificación y vida familiar:

Los cuervos americanos construyen voluminosos nidos en los árboles, a menudo cerca de la copa. La hembra suele poner de 3 a 9 huevos de color azul verdoso pálido, que incuba con la ayuda de su pareja. Una vez que nacen los polluelos, ambos padres participan activamente en su alimentación y protección. Los cuervos jóvenes aprenden de sus padres y grupos familiares, adquiriendo conocimientos sobre técnicas de búsqueda de alimento y habilidades de supervivencia.

Conservación y poblaciones:

Los cuervos americanos no están considerados en peligro de extinción y sus poblaciones son estables. Su adaptabilidad a diversos entornos les ha permitido prosperar y desempeñan papeles esenciales en el mantenimiento del equilibrio ecológico.

Importancia cultural:

Los cuervos han tenido un significado cultural en diversas sociedades, simbolizando a menudo la inteligencia, el misterio y la adaptabilidad. Aparecen en el folclore, los mitos y la literatura como criaturas de sabiduría y transformación.

El cuervo americano, con su brillante plumaje, sus intrincadas vocalizaciones y sus enigmáticos comportamientos, es un símbolo de adaptabilidad e inteligencia en el mundo de las aves. Su papel como carroñero y su capacidad para prosperar en diversos entornos subrayan la importancia de preservar la diversidad de hábitats y las intrincadas relaciones entre las aves y los ecosistemas.

GRAN GARZA AZUL (ARDEA HERODIAS)

La garza azul, conocida científicamente como Ardea herodias, es una majestuosa y escultural ave limícola célebre por su imponente presencia, sus gráciles movimientos y su serena conducta a lo largo de los cursos de agua de Norteamérica y Centroamérica. Con su majestuosa estatura y sus pacientes técnicas de caza, esta garza despierta la admiración tanto de los aficionados a las aves como de los observadores de la naturaleza.

Características físicas:

La garza azul es una de las especies de garzas más grandes del mundo, con una altura aproximada de entre 1,5 y 1,8 metros y una envergadura que puede superar los 1,8 metros. Tienen el cuello largo y sinuoso, el pico en forma de daga y un plumaje llamativo. Su cuerpo es predominantemente gris azulado, con la cara blanca adornada con una franja negra que va desde el ojo hasta la garganta. Durante la época de cría, desarrollan en el dorso largos penachos de encaje conocidos como "aigrettes".

Hábitat y área de distribución:

Estas garzas son muy adaptables y suelen encontrarse en diversos hábitats de humedales, como marismas, pantanos, ríos, lagos y costas. Su área de distribución se extiende desde el norte de Estados Unidos hasta partes del Caribe, pasando por América Central.

Ciclo vital y comportamiento:

Las garzas azules son conocidas por sus pacientes y deliberados métodos de caza. A menudo permanecen inmóviles en aguas poco profundas, esperando a que se acerque la presa. Cuando se acercan a un objetivo adecuado, atacan con asombrosa rapidez y precisión, utilizando sus afilados picos para empalar peces, anfibios e incluso pequeños mamíferos. Su característico "graznido" se oye a menudo en sus colonias de cría.

Dieta y caza:

Estas garzas son carnívoras y se alimentan principalmente de criaturas acuáticas. Su dieta incluye peces, ranas, crustáceos, insectos y, ocasionalmente, pequeños mamíferos y aves. Sus afilados picos y largos cuellos les permiten capturar y consumir una gran variedad de presas.

Nidificación y vida familiar:

La garza azul es un ave colonial que suele criar en grandes colonias situadas en árboles cerca de masas de agua. La hembra suele poner de 2 a 6 huevos de color azul verdoso pálido, que incuba con la ayuda de su pareja. Ambos progenitores comparten la incubación y la crianza de los polluelos. Una vez que nacen los pollos, los padres los alimentan con comida regurgitada. Las garzas jóvenes abandonan el nido al cabo de varias semanas y siguen al cuidado de sus padres mientras aprenden a buscar comida y a cazar.

Conservación y poblaciones:

La garza azul no está considerada en peligro de extinción y sus poblaciones son estables. Su importancia en los ecosistemas de humedales como principales depredadores y su adaptabilidad a diversos hábitats ponen de relieve su importancia para mantener la salud de estos entornos.

Importancia cultural:

Estas garzas han sido admiradas por su gracia y elegancia, y a menudo simbolizan la paciencia, la tranquilidad y la belleza de los humedales. Aparecen en el folclore y el arte de diversas culturas como símbolos del agua y la renovación.

MARTÍN PESCADOR COMÚN (ALCEDO ATTHIS)

El martín pescador común, conocido científicamente como Alcedo atthis, es un ave hipnotizadora y de brillantes colores célebre por su llamativo plumaje, sus notables habilidades para la pesca y su etérea presencia a lo largo de las vías fluviales de Europa, Asia y partes del norte de África. Con su aspecto de joya y sus ágiles técnicas de caza, este martín pescador cautiva a observadores de aves y entusiastas de la naturaleza de todo el mundo.

Características físicas:

El martín pescador es una pequeña ave de plumaje deslumbrante. Sus partes superiores son de un vivo color azul metálico, mientras que las inferiores son de un rojo anaranjado brillante. Su característico pico en forma de daga está perfectamente adaptado para capturar peces. Sus ojos son agudos y oscuros, lo que les proporciona una visión excelente cuando cazan bajo el agua. A pesar de su pequeño tamaño, son robustos y compactos.

Hábitat y área de distribución:

Estos martines pescadores suelen encontrarse en las orillas de ríos, arroyos, lagos, estanques y costas. Su área de distribución se extiende por Europa y Asia, desde las Islas Británicas hasta Japón, y también habita en partes del norte de África. Prefieren hábitats con aguas claras y lentas donde puedan avistar y capturar peces.

Ciclo vital y comportamiento:

El martín pescador es conocido por su vuelo ágil y rápido, que utiliza para cazar peces. A menudo se les ve posados cerca del agua, esperando pacientemente el momento oportuno para zambullirse en el agua y hacerse con su presa. Son aves solitarias y conocidas por sus agudos y agudos cantos.

Dieta y caza:

Como su nombre indica, estos martines pescadores se alimentan principalmente de peces, aunque también consumen insectos acuáticos y pequeños crustáceos. Su estrategia de caza consiste en zambullirse en el agua con increíble velocidad y precisión y atrapar a sus presas con sus afilados picos. Después regresan a sus perchas para tragarse la presa de cabeza.

Nidificación y vida familiar:

El martín pescador construye sus nidos en madrigueras excavadas en las orillas de los ríos o en otros lugares adecuados. La hembra suele poner de 5 a 7 huevos blancos y brillantes, que incuba con la ayuda de su pareja. Ambos progenitores participan activamente en la alimentación y protección de sus crías. Una vez que los polluelos salen del cascarón, son alimentados por sus padres con una dieta de peces regurgitados y más tarde aprenden a cazar por su cuenta.

Conservación y poblaciones:

Aunque el martín pescador no está en peligro de extinción, puede ser sensible a los cambios en su hábitat, como la contaminación y las alteraciones en las masas de agua. Los esfuerzos de conservación se centran a menudo en preservar vías fluviales limpias y sin alteraciones, que son cruciales para su supervivencia.

Importancia cultural:

Estos martines pescadores han sido admirados por sus vibrantes colores y su destreza en la caza. A menudo simbolizan la paciencia, la tranquilidad y la belleza de los reinos acuáticos de la naturaleza.

BECADA AMERICANA (SCOLPAX MINOR)

La becada americana, científicamente conocida como Scolopax minor, es un ave cautivadora y esquiva célebre por su excéntrico cortejo, su plumaje críptico y su encantadora presencia en los bosques y praderas húmedas de Norteamérica. Con sus peculiares comportamientos y la magia que teje durante el crepúsculo, esta becada encanta tanto a los aficionados a las aves como a los amantes de la naturaleza.

Características físicas:

Las becadas americanas son aves regordetas de tamaño pequeño o mediano con un plumaje moteado de marrón y gris que les proporciona un camuflaje excepcional en sus hábitats boscosos. Tienen un pico largo que utilizan para escarbar el suelo en busca de lombrices, su principal fuente de alimento. Sus grandes ojos oscuros están situados en lo alto de la cabeza, lo que les permite vigilar a los depredadores mientras buscan comida.

Hábitat y área de distribución:

Estas becadas se encuentran principalmente en bosques jóvenes, praderas húmedas y zonas arbustivas del este de Norteamérica. Se reproducen en el norte de Estados Unidos y el sur de Canadá, y emigran al sur de Estados Unidos durante los meses de invierno.

Ciclo vital y comportamiento:

Las chochas americanas son conocidas por su singular despliegue de cortejo, que consiste en una serie de acrobacias aéreas y vocalizaciones al amanecer y al atardecer. Mientras están en el suelo, emiten sonidos nasales "peent", seguidos de vuelos en espiral hacia el cielo, durante los cuales sus alas producen un característico gorjeo mientras revolotean de vuelta al suelo. Esta elaborada actuación es una parte vital de su ritual de reproducción.

Dieta y alimentación:

Estas becadas son principalmente insectívoras y su dieta se compone sobre todo de lombrices de tierra. Su largo pico está adaptado para sondear el suelo blando y extraer las lombrices de sus madrigueras. También consumen otros invertebrados, como insectos y arañas.

Nidificación y vida familiar:

Las becadas americanas construyen sus nidos en el suelo, a menudo en zonas de hierba o maleza. La hembra suele poner de 3 a 4 huevos de color marrón moteado, que incuba con dedicación. Tras la eclosión, los pollos son precociales, lo que significa que son relativamente independientes y capaces de caminar y buscar comida por sí mismos a los pocos días.

Conservación y poblaciones:

Aunque la becada americana no está considerada en peligro de extinción, sus poblaciones pueden verse afectadas por la pérdida y degradación del hábitat. Los esfuerzos de conservación suelen centrarse en mantener hábitats adecuados para la reproducción y la búsqueda de alimento y en preservar las características únicas de los bosques jóvenes.

Importancia cultural:

Las becadas americanas llevan generaciones fascinando a ornitólogos y naturalistas con sus misteriosas exhibiciones de cortejo y sus actividades crepusculares. A menudo simbolizan el encanto de las maravillas ocultas de la naturaleza.

BÚHO NIVAL (BUBO SCANDIACUS)

El búho nival, conocido científicamente como Bubo scandiacus, es un ave emblemática e impresionantemente bella, célebre por su plumaje blanco inmaculado, sus penetrantes ojos amarillos y su enigmática presencia en los remotos paisajes de la tundra ártica. Con su inquietante encanto y sus notables adaptaciones a la vida en el extremo norte, este búho cautiva la imaginación de los entusiastas de las aves y los admiradores de la naturaleza.

Características físicas:

Los búhos nivales son búhos grandes y corpulentos, con una envergadura que puede superar el metro y medio. Exhiben un llamativo plumaje blanco que les proporciona un excelente camuflaje contra el terreno nevado de su hábitat. Los machos adultos son casi completamente blancos, mientras que las hembras y las aves inmaduras pueden presentar diversos grados de barrado o manchas negras. Sus brillantes ojos amarillos y su pico afilado y ganchudo contribuyen a su cautivador aspecto.

Hábitat y área de distribución:

Estos búhos están bien adaptados a la vida en la tundra ártica, donde se reproducen y crían durante los meses de verano. Su área de distribución se extiende por las regiones más septentrionales de Norteamérica, Europa y Asia. Durante el invierno, pueden emigrar a latitudes más meridionales, incluidas partes del norte de Estados Unidos.

Ciclo vital y comportamiento:

Los búhos nivales son conocidos por su paciencia y sigilo a la hora de cazar. Cazan sobre todo de día, escudriñando la tundra en busca de pequeños mamíferos, como lemmings y topillos, y aves. Su aguda vista y sus afiladas garras los convierten en formidables depredadores.

Dieta y caza:

Los lemmings son un alimento básico en la dieta de los búhos nivales, y sus poblaciones están estrechamente ligadas a la disponibilidad de estos pequeños roedores. Durante las migraciones invernales, cuando las poblaciones de lemming disminuyen, los búhos nivales pueden pasar a cazar aves acuáticas y otras aves.

Nidificación y vida familiar:

Estos búhos suelen anidar en el suelo, en depresiones poco profundas, a menudo en lugares elevados donde tienen una buena posición estratégica. La hembra pone una nidada de huevos, que incuba, mientras que el macho se encarga de la alimentación. Ambos progenitores se ocupan de las crías, que empluman y se independizan al cabo de varias semanas.

Conservación y poblaciones:

Los búhos nivales no se consideran en peligro de extinción, pero sus poblaciones pueden fluctuar debido a cambios en la disponibilidad de su presa principal, los lemmings. Los esfuerzos de conservación suelen centrarse en el estudio de sus hábitos reproductivos y sus movimientos invernales para comprender mejor sus necesidades y proteger sus hábitats.

Importancia cultural:

Los búhos nivales han sido admirados por su majestuoso aspecto y su relación con la austera belleza del Ártico. A menudo se les considera símbolos de la naturaleza helada y del atractivo de los paisajes remotos y vírgenes.

El búho nival, con su plumaje blanco fantasmal, su mirada penetrante y su capacidad de supervivencia en los entornos más duros, es un símbolo de la majestuosidad salvaje del Ártico. Su papel como depredador superior en este gélido reino pone de relieve la interconexión de las especies en hábitats extremos.

ÁNADE RABUDO (ANAS ACUTA)

El ánade rabudo, conocido científicamente como Anas acuta, es una elegante y llamativa ave acuática célebre por su largo y esbelto cuello, sus marcas distintivas y su serena presencia en humedales y masas de agua de Norteamérica, Europa y Asia. Con su grácil aspecto y sus hazañas migratorias, este ánade rabudo capta la admiración de los observadores de aves y los entusiastas de la naturaleza.

Características físicas:

El colín boreal es un pato zambullidor de tamaño mediano con rasgos característicos. Tienen el cuello largo y fino y la cola delgada y puntiaguda, lo que les da su nombre. Los machos, conocidos como patirrojos, presentan un llamativo plumaje con la cabeza de color marrón chocolate, el cuello blanco con una fina línea blanca lateral y una característica raya blanca que se extiende por los costados. Las hembras, o gallinas, tienen un plumaje marrón moteado más tenue para camuflarse.

Hábitat y área de distribución:

Estos pinzones habitan en diversos hábitats de humedales, como lagos de agua dulce, estanques, marismas y estuarios. Se reproducen en Norteamérica, Europa y Asia y son conocidos por sus extensas migraciones. Durante el invierno, pueden encontrarse en las regiones más templadas de estos continentes.

Ciclo vital y comportamiento:

El colín boreal es un pato zambullidor, lo que significa que se alimenta principalmente en la superficie o se inclina hacia delante para buscar comida bajo el agua, en lugar de bucear. Son conocidos por su natación grácil y boyante.

Dieta y alimentación:

Su dieta incluye plantas acuáticas, semillas y pequeños invertebrados. Suelen inclinarse hacia delante para alcanzar la vegetación acuática y filtrar su alimento de la superficie del agua. Su comportamiento diletante se complementa con su largo cuello y su fino pico.

Nidificación y vida familiar:

Estos ánades rabudos suelen anidar en zonas de hierba o juncos cerca del agua. La hembra construye un nido bien oculto y pone una nidada de 5 a 9 huevos. Tras la eclosión, los patitos son precoces, es decir, relativamente independientes y capaces de nadar y buscar comida con la ayuda de la hembra. El macho suele abandonar el grupo familiar tras el apareamiento.

Conservación y poblaciones:

El ánade rabudo se enfrenta a la pérdida y degradación de su hábitat debido al drenaje de humedales y al desarrollo humano. Los esfuerzos de conservación se centran a menudo en preservar y restaurar los hábitats de humedales, especialmente en las zonas clave de reproducción y parada a lo largo de sus rutas migratorias.

Importancia cultural:

Estos pinzones han sido admirados por su gracia y belleza. A menudo se les considera símbolos de los ecosistemas de humedales y de la importancia de preservar estos hábitats en beneficio tanto de la fauna como de los seres humanos.

El ánade rabudo, con su elegancia y destreza migratoria, es un símbolo de la interconexión de los ecosistemas de humedales de todos los continentes. Su papel como elegante navegante de los humedales subraya la importancia de conservar estos hábitats vitales para la vida diversa que sustentan.

CHOCHÍN CAROLINA (THRYOTHORUS LUDOVICIANUS)

El chochín de Carolina, conocido científicamente como Thryothorus ludovicianus, es un pájaro encantador y dotado de un gran sentido vocal, célebre por sus alegres cantos, sus marcas distintivas y su animada presencia en los bosques y jardines del sureste de Estados Unidos. Con sus vibrantes melodías y su espíritu tenaz, este chochín encanta a los observadores de aves y a los entusiastas de la naturaleza.

Características físicas:

Los chochines son pequeños pájaros de cuerpo redondeado y larga cola que suelen mantener erguida. Tienen un plumaje marrón cálido con llamativas cejas y garganta blancas, lo que añade un toque de estilo a su aspecto. Su pico, relativamente grande, es ideal para escarbar grietas y buscar comida.

Hábitat y área de distribución:

Estos chochines habitan en diversos entornos arbolados, como bosques, matorrales y jardines suburbanos. Se encuentran principalmente en el sureste de Estados Unidos, donde residen todo el año.

Ciclo vital y comportamiento:

Los chochines de Carolina son conocidos por sus cantos alegres y melodiosos, que entonan durante todo el año. Sus cantos consisten en una serie de alegres silbidos y trinos, y a menudo cantan a dúo con sus parejas. Estos chochines también son famosos por su ingenio y determinación a la hora de buscar comida.

Dieta y alimentación:

Su dieta incluye insectos, arañas y otros pequeños invertebrados. Son hábiles buscadoras de comida, y a menudo exploran rincones y grietas en busca de presas ocultas. Su persistencia en la búsqueda de alimento las hace valiosas para controlar las poblaciones de plagas en los jardines.

Nidificación y vida familiar:

Los chochines de Carolina construyen sus nidos en diversos lugares protegidos, como cavidades de árboles, arbustos e incluso macetas colgantes. La hembra suele poner una nidada de 3 a 7 huevos, que incuba con la ayuda de su pareja. Ambos padres participan activamente en la alimentación y el cuidado de los pollos.

Conservación y poblaciones:

Los chochines de Carolina no están considerados en peligro de extinción y sus poblaciones son estables. Su adaptabilidad a los entornos suburbanos y urbanos les ha permitido prosperar, convirtiéndolos en una imagen y un sonido familiares en los patios traseros de toda su área de distribución.

Importancia cultural:

Estos chochines han sido apreciados por sus cantos y su capacidad para alegrar jardines y bosques con su alegre presencia. A menudo simbolizan la alegría de la naturaleza y los sencillos placeres de la observación de aves.

El chochín de Carolina, con sus melodiosos cantos, su vibrante personalidad y su adaptabilidad a diversos hábitats, es un símbolo de la alegría y la resistencia de las aves. Su papel como cantor y cazador de insectos subraya la importancia de preservar diversos entornos, desde bosques a jardines, donde estos chochines aportan su música y encanto.

PELÍCANO BLANCO AMERICANO
(PELECANUS ERYTHRORHYNCHOS)

El pelícano blanco americano, conocido científicamente como Pelecanus erythrorhynchos, es una magnífica y sociable ave acuática célebre por su impresionante envergadura, su llamativo aspecto y su pacífica presencia en los humedales y orillas de los lagos de Norteamérica. Con su grácil vuelo y sus comportamientos comunitarios, este pelícano capta la admiración de los aficionados a las aves y los amantes de la naturaleza.

Características físicas:

Los pelícanos blancos americanos son aves grandes y pesadas, con alas largas y anchas y un característico plumaje blanco. Tienen una envergadura que puede superar los 9 pies, lo que los convierte en una de las especies de aves más grandes de Norteamérica. Durante la época de cría, desarrollan un llamativo pico y piel facial anaranjados, lo que añade un toque de color a su aspecto.

Hábitat y área de distribución:

Estos pelícanos suelen encontrarse en hábitats de agua dulce, como lagos, embalses, ríos y marismas, en toda Norteamérica. Se reproducen en las Grandes Llanuras septentrionales de Estados Unidos y Canadá y emigran a regiones meridionales durante el invierno.

Ciclo vital y comportamiento:

Los pelícanos blancos americanos son conocidos por su comportamiento comunitario. Suelen reunirse en grandes grupos, o "escuadrones", durante las temporadas de cría e invernada. En vuelo, son gráciles y sincronizados, se elevan sobre las corrientes térmicas y utilizan sus grandes alas para cubrir grandes distancias.

Dieta y alimentación:

Estos pelícanos son principalmente piscívoros, es decir, se alimentan de peces. Son hábiles cazadores cooperativos y utilizan una técnica de "pesca en grupo" en la que trabajan juntos para acorralar y capturar bancos de peces en aguas poco profundas. Sus grandes picos pueden contener varios litros de agua y peces, que escurren antes de tragarse la captura.

Nidificación y vida familiar:

Los pelícanos blancos americanos suelen anidar en islas aisladas dentro de sus hábitats de humedales. La hembra pone de 1 a 3 huevos, que incuba con la ayuda de su compañero. Ambos progenitores participan activamente en las tareas de incubación y cría de los polluelos. Los pelícanos jóvenes salen del nido y se unen a las guarderías comunitarias, donde siguen recibiendo cuidados y aprenden a buscar comida.

Conservación y poblaciones:

Los pelícanos blancos americanos no se consideran en peligro de extinción y sus poblaciones parecen estables. Los esfuerzos de conservación suelen centrarse en preservar y proteger los hábitats de humedales de los que dependen, ya que estas zonas son cruciales para su supervivencia.

Importancia cultural:

Estos pelícanos han sido admirados por su tamaño, su gracia en el vuelo y su papel en los ecosistemas de humedales. A menudo simbolizan la belleza y vitalidad de los entornos de agua dulce de Norteamérica.

HERRERILLO CAPIROTADO (POECILE ATRICAPILLUS)

El herrerillo capirotado, conocido científicamente como Poecile atricapillus, es un encantador y curioso pájaro cantor célebre por su comportamiento amistoso, sus marcas distintivas y su animada presencia en los bosques septentrionales de Norteamérica. Con sus encantadoras llamadas e ingeniosas adaptaciones, este herrerillo cautiva los corazones de los observadores de aves y los entusiastas de la naturaleza.

Características físicas:

Los carboneros capirotados son pájaros pequeños y regordetes con un característico capirote y garganta negros que contrastan fuertemente con sus mejillas blancas y alas grisáceas. Su diminuto tamaño y su alegre cola los hacen fácilmente reconocibles y entrañables.

Hábitat y área de distribución:

Estos carboneros habitan en diversos entornos boscosos, como bosques de coníferas y caducifolios, así como en zonas urbanas y suburbanas. Se encuentran principalmente en las regiones septentrionales de Norteamérica, incluidas partes de Estados Unidos y Canadá.

Ciclo vital y comportamiento:

Los carboneros capirotados son conocidos por sus alegres y característicos reclamos, a menudo llamados "chick-a-dee-dee-dee". Estos reclamos varían en intensidad y sirven como sistema de alarma para advertir de la aproximación de depredadores. Los carboneros también son famosos por su naturaleza curiosa y su capacidad para adaptarse rápidamente a condiciones cambiantes.

Dieta y alimentación:

Su dieta incluye una variedad de insectos, semillas y bayas. Son hábiles buscadores de comida y utilizan su afilado pico para recoger insectos de la corteza y las hojas de los árboles. Durante el invierno, pueden entrar en estado de hipotermia por la noche para conservar energía.

Nidificación y vida familiar:

Los carboneros capirotados suelen anidar en cavidades de árboles o en cajas nido. La hembra pone una nidada de 5 a 10 huevos, que incuba con la ayuda de su pareja. Ambos padres participan activamente en la alimentación y protección de las crías. Una vez que los polluelos salen del cascarón, se alimentan a base de insectos y orugas.

Conservación y poblaciones:

Los carboneros capirotados no se consideran en peligro de extinción y son conocidos por su adaptabilidad a diversos hábitats. Sus poblaciones parecen estables y son habituales en bosques y patios de toda su área de distribución.

Importancia cultural:

Estos carboneros son muy apreciados por su simpático canto y su capacidad para alegrar los paisajes invernales con su vivaz presencia. A menudo simbolizan la resistencia de la fauna en los fríos climas septentrionales.

El herrerillo capirotado, con su alegre canto, sus marcas distintivas y sus ingeniosas adaptaciones, es un símbolo de la alegría de observar aves y de la tenacidad de la naturaleza. Su papel como simpático chivato en los bosques del norte subraya la importancia de preservar diversos hábitats forestales para estas encantadoras aves y la red interconectada de vida que representan.

MARTÍN PESCADOR (MEGACERYLE ALCYON)

El martín pescador, conocido científicamente como Megaceryle alcyon, es un ave notable y ágil célebre por su llamativo aspecto, sus impresionantes habilidades de caza y su dinámica presencia a lo largo de las vías fluviales de Norteamérica. Con sus característicos reclamos y su notable destreza para la pesca, este martín pescador capta la fascinación de los observadores de aves y los entusiastas de la naturaleza.

Características físicas:

El martín pescador es un ave de tamaño mediano con un plumaje característico. Las alas y el dorso presentan un llamativo plumaje gris azulado, complementado con un cuello y vientre blancos. Los machos se distinguen por una única banda azul que les cruza el pecho, mientras que las hembras tienen una banda castaña adicional. Su pico, largo y robusto, está perfectamente adaptado para capturar peces.

Hábitat y área de distribución:

Estos martines pescadores habitan en diversos medios acuáticos, como ríos, lagos, estanques y costas de Norteamérica. Residen todo el año en muchas partes de su área de distribución.

Ciclo vital y comportamiento:

El martín pescador es conocido por su característico y estridente canto, a menudo descrito como una serie de agudos cascabeles. Sirven para establecer el territorio y comunicarse con sus parejas. Estos martines pescadores también son famosos por su destreza en la caza aérea, que incluye ágiles inmersiones y una notable precisión.

Dieta y alimentación:

Su dieta principal consiste en peces, aunque también consumen insectos acuáticos, cangrejos de río e incluso pequeños anfibios. Son hábiles cazadores aéreos que planean sobre las masas de agua antes de lanzarse en picado para capturar peces de la superficie.

Nidificación y vida familiar:

El martín pescador anida en madrigueras que excava en terraplenes empinados a lo largo de los cursos de agua. La hembra pone una nidada de 5 a 8 huevos, que incuba. Tras la eclosión, ambos padres alimentan a los pollos con pescado regurgitado. Los jóvenes emplumecen y se independizan varias semanas después de nacer.

Conservación y poblaciones:

El martín pescador no está considerado en peligro y sus poblaciones parecen estables. Los esfuerzos de conservación suelen centrarse en proteger los hábitats ribereños de los que dependen para anidar y alimentarse.

Importancia cultural:

Estos martines pescadores han fascinado a la gente con sus acrobacias aéreas y sus característicos cantos. A menudo simbolizan la belleza y vitalidad de los ecosistemas acuáticos.

El martín pescador, con su llamativo aspecto, sus habilidades para la caza aérea y su dinámica presencia a lo largo de las vías fluviales, es un símbolo de las maravillas de la observación de aves y del papel vital que éstas desempeñan en los ecosistemas acuáticos. Su papel como ágil pescador subraya la importancia de preservar la salud de las vías fluviales en beneficio tanto de la fauna como de los seres humanos.

GRULLA CANADIENSE (ANTIGONE CANADENSIS)

La grulla cenicienta, conocida científicamente como Antigone canadensis, es un ave majestuosa y elegante célebre por su elevada estatura, sus melodiosos cantos y su serena presencia en los humedales y praderas de Norteamérica. Con sus elegantes danzas de cortejo y sus característicos cantos, esta grulla capta la admiración de los observadores de aves y los entusiastas de la naturaleza.

Características físicas:

Las grullas cenicientas son aves de gran tamaño y llamativo plumaje. Tienen el cuerpo de color azul grisáceo con un capuchón de color óxido y una característica mancha roja en la frente. Son altas, de patas largas y delgadas, y su envergadura puede alcanzar los dos metros.

Hábitat y área de distribución:

Estas grullas habitan diversos hábitats de humedales y praderas, como marismas, ciénagas y praderas, en toda Norteamérica. Su área de distribución es amplia y algunas poblaciones migran largas distancias.

Ciclo vital y comportamiento:

Las grullas cenicientas son conocidas por sus cantos evocadores y trompeteros, que suelen oírse durante las exhibiciones de cortejo y mientras vuelan en forma de V. Estos cantos sirven para comunicarse con otras grullas y establecer un territorio. Estos cantos sirven para comunicarse con otras grullas y establecer el territorio. También son famosas por sus intrincados y sincronizados bailes de cortejo.

Dieta y alimentación:

Su dieta consiste principalmente en materia vegetal, semillas, insectos y pequeños vertebrados. Se alimentan en humedales poco profundos y praderas, utilizando su largo pico para buscar comida. Su dieta varía según la estación y el hábitat.

Nidificación y vida familiar:

Las grullas cenicientas suelen anidar en zonas húmedas, construyendo nidos de plataforma con juncos y hierbas. La hembra suele poner dos huevos y ambos padres se turnan para incubarlos. Una vez que nacen, los pollos son precociales, es decir, relativamente independientes y aprenden rápidamente a buscar comida con la ayuda de sus padres.

Conservación y poblaciones:

Las grullas cenicientas no se consideran en peligro y sus poblaciones parecen estables. Sin embargo, pueden verse amenazadas por la pérdida de hábitat y las perturbaciones durante la época de cría. Los esfuerzos de conservación se centran a menudo en proteger los humedales y preservar las zonas de nidificación adecuadas.

Importancia cultural:

Estas grullas han sido admiradas por su gracia, sus exhibiciones de cortejo y su papel en los ecosistemas de humedales. A menudo simbolizan la belleza y vitalidad de los humedales y la importancia de preservar estos hábitats.

La grulla cenicienta, con su grácil aspecto, sus evocadores cantos y sus intrincados rituales de cortejo, es un símbolo de las maravillas de la observación de aves y del papel vital que estas grullas desempeñan en los ecosistemas de humedales. Su papel como centinela de los humedales subraya la importancia de preservar estos hábitats vitales en beneficio tanto de la fauna como de los seres humanos.

MIRLO ALIRROJO (AGELAIUS PHOENICEUS)

El mirlo de alas rojas, conocido científicamente como Agelaius phoeniceus, es un ave carismática y melodiosa célebre por su llamativo aspecto, sus cautivadores cantos y su vibrante presencia en humedales y marismas de toda Norteamérica. Con su distintivo canto y sus coloridas marcas, este mirlo capta la admiración de los observadores de aves y los entusiastas de la naturaleza.

Características físicas:

Los mirlos alirrojos son aves de tamaño mediano con un llamativo dimorfismo sexual. Los machos son fácilmente reconocibles por su brillante plumaje negro y las brillantes manchas rojas, o "charreteras", de sus alas. Las hembras, en cambio, presentan un plumaje con vetas marrones y una característica raya pálida en la ceja.

Hábitat y área de distribución:

Estos mirlos habitan diversos hábitats de humedales y marismas, incluidos pantanos de agua dulce y salobre, junto con campos agrícolas y praderas abiertas, en toda Norteamérica. Residen todo el año en muchas partes de su área de distribución.

Ciclo vital y comportamiento:

Los mirlos alirrojos son conocidos por sus vibrantes y melodiosos cantos, que varían de una región a otra. Los machos cantan para establecer su territorio y atraer a sus parejas durante la época de cría. También son conocidos por su naturaleza social y pueden observarse en grandes bandadas, especialmente durante la época no reproductora.

Dieta y alimentación:

Su dieta se compone principalmente de insectos, semillas y granos. Se alimentan en zonas pantanosas, campos húmedos y orillas de masas de agua. Su dieta varía estacionalmente en función de la disponibilidad de alimentos.

Nidificación y vida familiar:

Los mirlos alirrojos suelen construir nidos en forma de copa en eneas u otra vegetación de humedal. La hembra pone una nidada de 3 a 5 huevos, que incuba. Una vez que nacen los pollos, ambos padres participan activamente en la alimentación y protección de las crías.

Conservación y poblaciones:

Los mirlos alirrojos no están considerados en peligro de extinción y son conocidos por su adaptabilidad a diversos hábitats. Sus poblaciones parecen estables y son habituales de ver y oír en humedales y praderas de toda su área de distribución.

Importancia cultural:

Estos mirlos han fascinado a la gente con sus vibrantes llamadas y su presencia en los ecosistemas de humedales. A menudo simbolizan la belleza y vitalidad de las marismas y la importancia de preservar estos hábitats.

El mirlo alirrojo, con su llamativo aspecto, sus melodiosos cantos y su vibrante presencia en los humedales, es un símbolo del placer de observar aves y del papel vital que estas desempeñan en los ecosistemas de las marismas. Su papel de melodioso trovador subraya la importancia de preservar los humedales y los espacios abiertos en beneficio tanto de la fauna como de los seres humanos.

AVOCETA AMERICANA (RECURVIROSTRA AMERICANA)

La avoceta americana, científicamente conocida como Recurvirostra americana, es una exquisita y elegante limícola célebre por su grácil aspecto, su esbelto pico y su serena presencia en los humedales y aguas poco profundas de Norteamérica. Con su llamativo plumaje y su peculiar comportamiento alimentario, esta avoceta capta la fascinación de los observadores de aves y los entusiastas de la naturaleza.

Características físicas:

La avoceta americana es un ave playera de tamaño mediano con rasgos distintivos. Tienen patas largas y delgadas y un llamativo pico respingón que las distingue de otras aves zancudas. Durante la época de cría, desarrollan una hermosa cabeza y cuello de color canela, mientras que su cuerpo permanece blanco. En plumaje no reproductor, tienen un aspecto grisáceo más apagado.

Hábitat y área de distribución:

Estas avocetas habitan en diversos humedales y hábitats acuáticos de Norteamérica, como marismas saladas, marismas y lagos poco profundos. Suelen encontrarse en el oeste de Estados Unidos y migran a otras partes de Norteamérica durante la época no reproductora.

Ciclo vital y comportamiento:

Las avocetas americanas son conocidas por sus elegantes y gráciles movimientos mientras vadean aguas poco profundas en busca de alimento. Tienen un comportamiento distintivo de búsqueda de alimento, barriendo sus picos hacia arriba de lado a lado a través del agua para capturar invertebrados acuáticos. Durante la época de cría, realizan exhibiciones de cortejo con movimientos y cantos sincronizados.

Dieta y alimentación:

Su dieta consiste principalmente en invertebrados acuáticos, como insectos, crustáceos y pequeños organismos acuáticos. Son hábiles detectando y capturando presas en los sustratos fangosos o arenosos de sus hábitats de humedal.

Nidificación y vida familiar:

La avoceta americana suele anidar en depresiones poco profundas en el suelo, a menudo cerca de la orilla del agua. La hembra pone una nidada de 3 a 4 huevos, que incuba. Ambos progenitores participan activamente en la incubación y la crianza de los pollos. Una vez que nacen, los pollos son precociales, es decir, pueden alimentarse por sí mismos pero siguen dependiendo de la protección de sus padres.

Conservación y poblaciones:

La avoceta americana no está considerada en peligro de extinción y sus poblaciones parecen estables. Sin embargo, pueden verse amenazadas por la pérdida de hábitat y las perturbaciones en sus zonas de cría. Los esfuerzos de conservación se centran a menudo en preservar y proteger sus hábitats de humedales.

Importancia cultural:

Estas avocetas han sido admiradas por su elegancia y su singular comportamiento alimentario. A menudo simbolizan la belleza y la importancia de los humedales y la necesidad de conservar estos ecosistemas vitales.

La avoceta americana, con su grácil aspecto, su peculiar comportamiento alimentario y su serena presencia en los humedales, es un símbolo de las maravillas de la observación de aves y del papel vital que éstas desempeñan en los ecosistemas acuáticos. Su papel como elegante limícola subraya la importancia de preservar los humedales y las aguas poco profundas en beneficio tanto de la fauna como de los seres humanos.

PARPADEO NORTEÑO (COLAPTES AURATUS)

El parpadeo norteño, conocido científicamente como Colaptes auratus, es un pájaro carpintero único y cautivador célebre por su aspecto distintivo, sus vibrantes marcas y su rítmico tamborileo en los bosques de toda Norteamérica. Con su carismático canto y sus notables hábitos alimenticios, este pájaro capta la admiración de los observadores de aves y los entusiastas de la naturaleza.

Características físicas:

El pájaro carpintero norteño es un pájaro carpintero de tamaño mediano con rasgos distintivos. Tienen el cuerpo de color beige a gris parduzco con marcas negras prominentes, incluido un babero negro en forma de media luna en el pecho. La parte inferior de las alas y la cola son de color amarillo brillante y tienen una mancha blanca en la rabadilla que es visible en vuelo.

Hábitat y área de distribución:

Estos pájaros carpinteros habitan en bosques, arboledas abiertas y zonas urbanas y suburbanas de toda Norteamérica. Tienen un área de distribución muy amplia, por lo que son comunes en muchas regiones.

Ciclo vital y comportamiento:

Los parpadeadores septentrionales son conocidos por sus característicos reclamos, que incluyen una llamada "wick-a-wick-a-wick" y una llamada "flicker" fuerte y repetida que les da nombre. A menudo se les oye tamborilear sobre árboles y otras superficies durante la época de cría como parte del cortejo y la comunicación territorial.

Dieta y alimentación:

Su dieta incluye una variedad de insectos, hormigas y escarabajos, que capturan sondeando el suelo y la corteza de los árboles con sus largas lenguas de púas. A diferencia de otras especies de pájaros carpinteros, los pájaros carpinteros norteños son conocidos por sus hábitos de alimentación en el suelo, a menudo buscando hormigas en el suelo.

Nidificación y vida familiar:

Los pájaros carpinteros suelen anidar en las cavidades de los árboles o en cajas nido. La hembra pone una nidada de 5 a 8 huevos, que incuba con la ayuda de su pareja. Ambos progenitores participan activamente en la alimentación y protección de las crías. Una vez que los pollos salen del nido, siguen recibiendo cuidados parentales.

Conservación y poblaciones:

El colirrojo real no se considera en peligro y sus poblaciones parecen estables. Son aves adaptables que pueden prosperar en diversos hábitats. Los esfuerzos de conservación se centran a menudo en preservar las zonas boscosas y proporcionar cajas nido para favorecer el éxito de su nidificación.

Importancia cultural:

Estos pájaros han fascinado a la gente con sus características llamadas y su rítmico tamborileo. A menudo simbolizan la belleza y vitalidad de los bosques y la importancia de preservar estos hábitats.

El parpadeo norteño, con su aspecto característico, su carismático canto y su rítmico tamborileo, es un símbolo del placer de observar aves y del papel vital que estos pájaros carpinteros desempeñan en los bosques. Sus hábitos únicos y su adaptabilidad subrayan la importancia de preservar las zonas boscosas en beneficio tanto de la fauna como de los seres humanos.

COLIRROJO TIZÓN (SETOPHAGA RUTICILLA)

El colirrojo tizón, conocido científicamente como Setophaga ruticilla, es un llamativo y vivaz pájaro cantor célebre por su vibrante plumaje, su enérgico estilo de búsqueda de alimento y su cautivadora presencia en los bosques de Norteamérica y Centroamérica. Con sus enérgicas exhibiciones y melodiosos cantos, este colirrojo capta la fascinación de observadores de aves y entusiastas de la naturaleza.

Características físicas:

El colirrojo tizón es un pájaro pequeño, del tamaño de una curruca, con un llamativo dimorfismo sexual. Los machos son fácilmente reconocibles por su plumaje negro azabache con llamativas manchas naranjas en las alas, la cola y los costados. Las hembras, en cambio, tienen un plumaje verde oliva con toques amarillos.

Hábitat y área de distribución:

El colirrojo tizón habita en diversos hábitats boscosos, como bosques caducifolios y mixtos, zonas ribereñas y parques de Norteamérica y Centroamérica. Son migrantes neotropicales, lo que significa que se reproducen en Norteamérica y migran a Centroamérica y Sudamérica durante el invierno.

Ciclo vital y comportamiento:

El colirrojo tizón es conocido por su enérgico y ágil estilo de búsqueda de alimento. Revolotean entre el follaje, exhibiendo sus coloridas colas y alas, y recogiendo insectos de hojas y ramas. Durante el cortejo, los machos suelen hacer un característico despliegue de alas y cola.

Dieta y alimentación:

Se alimentan principalmente de insectos, como orugas, moscas y escarabajos. Son hábiles capturando insectos en el aire y en el envés de las hojas.

Nidificación y vida familiar:

El colirrojo tizón suele anidar en arbustos o árboles. La hembra pone una nidada de 3 a 5 huevos, que incuba. Una vez que nacen los pollos, ambos padres participan activamente en la alimentación y protección de las crías. Tras volar, los jóvenes colirrojos se unen a sus padres en la migración.

Conservación y poblaciones:

Los colirrojos americanos no están considerados en peligro de extinción y sus poblaciones parecen estables. Sin embargo, como muchas aves migratorias, pueden verse amenazados por la pérdida de hábitat en sus zonas de cría e invernada. Los esfuerzos de conservación suelen centrarse en preservar sus hábitats boscosos y concienciar sobre su viaje migratorio.

Importancia cultural:

Estos colirrojos han fascinado a la gente por su vibrante plumaje y su enérgico comportamiento. A menudo simbolizan la belleza y vitalidad de los bosques norteamericanos y la interconexión de los ecosistemas.

El colirrojo tizón, con su llamativo aspecto, enérgicas exhibiciones y melodiosos cantos, es un símbolo del placer de observar aves y del papel vital que estas aves cantoras desempeñan en los ecosistemas forestales. Su papel de vibrante maestro subraya la importancia de preservar la diversidad de los bosques y apoyar a las aves migratorias en sus increíbles viajes.

COLIBRÍ DE ANNA (CALYPTE ANNA)

El colibrí de Anna, conocido científicamente como Calypte anna, es un ave deslumbrante y carismática célebre por su vibrante plumaje iridiscente, sus notables exhibiciones aéreas y su encantadora presencia a lo largo de la costa occidental de Norteamérica. Con sus enérgicos vuelos y resplandecientes colores, este colibrí capta la fascinación de los observadores de aves y los entusiastas de la naturaleza.

Características físicas:

Los colibríes de Anna son aves pequeñas y compactas con un plumaje llamativo. Los machos exhiben un deslumbrante despliegue de colores iridiscentes, con gargantas y coronas de color rojo rosado brillante, que contrastan con cuerpos verdes iridiscentes. Las hembras tienen un aspecto más apagado, con un plumaje gris verdoso con un toque de iridiscencia en la garganta.

Hábitat y área de distribución:

Estos colibríes habitan en diversos hábitats, como jardines, parques, bosques y zonas costeras a lo largo de la costa occidental de Norteamérica, desde Alaska hasta Baja California. Residen todo el año en muchas partes de su área de distribución.

Ciclo vital y comportamiento:

Los colibríes de Anna son conocidos por sus vuelos ágiles y acrobáticos, que incluyen atrevidas maniobras aéreas durante las exhibiciones de cortejo. Los machos realizan elaboradas "exhibiciones pendulares", en las que ascienden y descienden rápidamente mientras emiten agudos sonidos con las plumas de las alas. También son conocidos por su característico "chip".

Dieta y alimentación:

Su dieta consiste principalmente en néctar de diversas flores, que obtienen planeando y sondeando las flores con sus largos y especializados picos. Complementan su dieta rica en néctar con insectos y arañas para obtener proteínas.

Nidificación y vida familiar:

El colibrí de Anna suele construir nidos en forma de copa en árboles y arbustos, asegurándolos con seda de araña para darles elasticidad. La hembra pone una nidada de 2 a 3 huevos, que incuba. Tras la eclosión, ambos padres participan activamente en la alimentación y protección de las crías.

Conservación y poblaciones:

Los colibríes de Anna no se consideran en peligro de extinción y sus poblaciones parecen estables. Se han adaptado bien a los paisajes alterados por el hombre y son visitantes frecuentes de los comederos domésticos. Los esfuerzos de conservación se centran a menudo en proporcionarles flores ricas en néctar y comederos limpios para colibríes que satisfagan sus necesidades.

Importancia cultural:

Estos colibríes han fascinado a la gente con sus colores iridiscentes y sus vuelos enérgicos. A menudo simbolizan la belleza y vitalidad de los paisajes del oeste de Norteamérica y la importancia de preservar las plantas autóctonas por su néctar.

El colibrí de Anna, con su deslumbrante plumaje, sus exhibiciones aéreas y su encantadora presencia a lo largo de la costa occidental, es un símbolo de las alegrías de la observación de aves y del papel vital que desempeñan estos colibríes en la polinización de las flores. Su papel como polinizadores subraya la importancia de preservar la flora autóctona y apoyar a estas extraordinarias aves en nuestros jardines y espacios naturales.

TREPADOR AZUL (SITTA CAROLINENSIS)

El trepador pechiblanco, conocido científicamente como Sitta carolinensis, es un encantador y ágil pájaro cantor célebre por su singular descenso de cabeza por los troncos de los árboles, su característico reclamo y su animada presencia en los bosques de toda Norteamérica. Con sus acrobacias y su entrañable comportamiento, este trepador azul despierta la admiración de los observadores de aves y los entusiastas de la naturaleza.

Características físicas:

Los trepadores pechiblancos son pájaros pequeños y compactos con rasgos llamativos. Tienen la parte superior de color gris pizarra, la cara blanca y, como su nombre indica, el pecho blanco. Su aspecto distintivo incluye un gorro negro en la cabeza, un pico largo y delgado y una cola corta y ligeramente respingona.

Hábitat y área de distribución:

Estos trepadores norteños habitan en diversos hábitats arbolados, como bosques caducifolios y de coníferas, arboledas y zonas suburbanas de Norteamérica. Residen todo el año en muchas partes de su área de distribución.

Ciclo vital y comportamiento:

Los trepadores pechiblancos son conocidos por su singular y acrobático comportamiento de búsqueda de alimento. A menudo descienden de cabeza por los troncos de los árboles, utilizando sus fuertes patas y afiladas garras para agarrarse a la corteza. Son ágiles y pueden desplazarse rápidamente por ramas y troncos en busca de insectos y semillas.

Dieta y alimentación:

Su dieta consiste principalmente en insectos, semillas y frutos secos. Buscan insectos escondidos en las grietas de la corteza de los árboles y también almacenan semillas y frutos secos en la corteza o en las grietas para consumirlos más tarde.

Nidificación y vida familiar:

Los trepadores pechiblancos suelen anidar en cavidades de árboles o en cajas nido. La hembra pone una nidada de 5 a 9 huevos, que incuba. Una vez que nacen los pollos, ambos progenitores participan activamente en la alimentación y protección de las crías.

Conservación y poblaciones:

Los trepadores pechiblancos no están considerados en peligro de extinción y sus poblaciones parecen estables. Son aves adaptables que visitan con frecuencia los comederos de aves de los patios traseros. Los esfuerzos de conservación se centran a menudo en proporcionar cajas nido adecuadas y mantener hábitats favorables a las aves.

Importancia cultural:

Estos trepadores han fascinado a la gente por su singular comportamiento en la búsqueda de alimento y sus característicos reclamos. A menudo simbolizan el encanto y la vitalidad de los bosques y el placer de observar aves.

El trepador pechiblanco, con su distintivo aspecto, su acrobático estilo de búsqueda de alimento y su animada presencia en los bosques, es un símbolo del placer de observar aves y del papel vital que estas aves cantoras desempeñan en los ecosistemas forestales. Su comportamiento único subraya la importancia de preservar las zonas boscosas y proporcionar hábitats a estas encantadoras aves.

GORRIÓN MOLINERO AMERICANO
(SPIZELLOIDES ARBOREA)

El gorrión arbóreo americano, conocido científicamente como Spizelloides arborea, es un encantador y resistente pájaro cantor célebre por sus distintivas marcas, sus melodiosos cantos invernales y su perdurable presencia en las regiones septentrionales de Norteamérica. Con sus entrañables cantos y su capacidad para prosperar en climas fríos, este gorrión arbóreo capta la admiración de observadores de aves y entusiastas de la naturaleza.

Características físicas:

Los gorriones arbóreos americanos son pájaros pequeños y robustos con rasgos distintivos. Tienen un cálido casquete marrón rojizo en la cabeza que contrasta con una cara gris y una distintiva mancha oscura en el pecho, parecida a una pequeña "chincheta". Sus alas están adornadas con detalles de color óxido.

Hábitat y área de distribución:

Estos gorriones arbóreos habitan diversos hábitats septentrionales, como la tundra, la taiga, los bosques boreales y los bosques abiertos, en todo el norte de Norteamérica. Son migratorios y pasan el invierno en el norte de Estados Unidos y el sur de Canadá.

Ciclo vital y comportamiento:

Los gorriones arbóreos americanos son conocidos por sus melodiosos cantos durante los meses de invierno. Suelen buscar comida en el suelo, rascando la tierra para descubrir semillas e insectos. Son aves sociales y pueden encontrarse en bandadas, especialmente durante la migración y el invierno.

Dieta y alimentación:

Su dieta consiste principalmente en semillas, sobre todo de gramíneas y malas hierbas. Durante la época de cría, también incluyen insectos y arañas en su dieta.

Nidificación y vida familiar:

El gorrión molinero suele anidar en el suelo o cerca de él, en lugares ocultos, a menudo con hierbas y ramitas. La hembra pone una nidada de 4 a 7 huevos, que incuba. Ambos padres se ocupan de alimentar y proteger a sus crías.

Conservación y poblaciones:

El gorrión molinero no está considerado en peligro de extinción y sus poblaciones parecen estables. Son aves resistentes que pueden soportar los duros inviernos del norte. Los esfuerzos de conservación se centran a menudo en preservar sus hábitats de cría en las regiones septentrionales.

Importancia cultural:

Estos gorriones arbóreos han fascinado a la gente con sus encantadoras llamadas y su capacidad para prosperar en climas fríos. A menudo simbolizan la tenacidad y adaptabilidad de las aves en los paisajes nórdicos.

El gorrión molinero americano, con sus marcas distintivas, sus melodiosos cantos y su perdurable presencia en tierras septentrionales, es un símbolo de la alegría de observar aves y del papel vital que estos gorriones desempeñan en los ecosistemas nórdicos. Su capacidad para prosperar en entornos difíciles subraya la importancia de preservar los hábitats septentrionales y proporcionar fuentes de alimento invernal a estas encantadoras aves.

GARZA REAL (NYCTANASSA VIOLACEA)

La garza nocturna de corona amarilla, conocida científicamente como Nyctanassa violacea, es una sigilosa y elegante limícola célebre por su llamativo aspecto, sus hábitos de caza nocturna y su presencia en las regiones costeras de América. Con su naturaleza sigilosa y su característico plumaje, esta garza nocturna capta la fascinación de observadores de aves y entusiastas de la naturaleza.

Características físicas:

Las garzas nocturnas coronadas amarillas son garzas de tamaño medio con rasgos llamativos. Tienen un cuerpo elegante de color gris azulado con una corona negra adornada con un característico penacho blanco. Sus ojos son de un rojo penetrante, y tienen un pico largo y delgado y patas robustas.

Hábitat y área de distribución:

Estas garzas nocturnas habitan diversos hábitats costeros y de humedales, como marismas, manglares, bajos intermareales y estuarios, a lo largo de las costas atlántica y del Golfo de América. Pueden encontrarse desde el sureste de Estados Unidos hasta América Central y del Sur.

Ciclo vital y comportamiento:

Las garzas reales son conocidas por sus hábitos de caza nocturna. A menudo se les ve buscando comida en los bajíos y marismas durante la marea baja, utilizando sus afilados picos para capturar presas escondidas en el barro o en el agua.

Dieta y alimentación:

Se alimentan principalmente de crustáceos, como cangrejos y gambas, así como de peces, ranas y pequeños mamíferos. Son hábiles acechando y tendiendo emboscadas a sus presas en la penumbra de la noche.

Nidificación y vida familiar:

Los martinetes suelen anidar en árboles o arbustos cerca de sus hábitats costeros. La hembra pone una nidada de 3 a 5 huevos, que incuba. Ambos padres participan activamente en la alimentación y protección de las crías.

Conservación y poblaciones:

Las garzas nocturnas coronillas amarillas no están consideradas en peligro y sus poblaciones parecen estables. Sin embargo, pueden verse amenazadas por la pérdida de hábitat y las perturbaciones en sus zonas costeras de cría. Los esfuerzos de conservación se centran a menudo en preservar sus hábitats costeros y educar al público sobre la importancia de estos humedales.

Importancia cultural:

Estas garzas nocturnas han fascinado a la gente por su llamativo aspecto y su sigiloso comportamiento de caza. A menudo simbolizan la belleza y el misterio de los ecosistemas costeros y la necesidad de proteger estos hábitats vitales.

La garza real, con su plumaje característico, su destreza en la caza nocturna y su presencia costera, es un símbolo del placer de observar aves y del papel vital que desempeñan estas garzas en los ecosistemas costeros. Su papel como acechadoras nocturnas subraya la importancia de preservar los humedales costeros y los estuarios en beneficio tanto de la fauna como de los seres humanos.

EIDER COMÚN (SOMATERIA MOLLISSIMA)

El eider común, conocido científicamente como Somateria mollissima, es un magnífico y resistente pato marino célebre por su grácil presencia en las gélidas aguas de las regiones ártica y subártica. Con su llamativo aspecto, su comportamiento cooperativo en la nidificación y su dedicación al duro entorno septentrional, este eider capta la admiración de los observadores de aves y los entusiastas de la naturaleza.

Características físicas:

Los eiders comunes son patos marinos grandes y característicos, con rasgos notables. Los machos, conocidos como dragones, tienen un llamativo plumaje blanco y negro, con una llamativa mancha verde en la nuca. Las hembras, en cambio, tienen un plumaje parduzco más críptico para camuflarse cuando anidan.

Hábitat y área de distribución:

Estos eiders habitan en diversos entornos costeros y marinos, como regiones árticas y subárticas, costas rocosas, islas mar adentro y zonas costeras remotas. Pueden encontrarse en regiones septentrionales de todo el hemisferio norte.

Ciclo vital y comportamiento:

El eider común es conocido por su comportamiento cooperativo a la hora de anidar. Suelen anidar en colonias, en las que varias hembras comparten una zona de nidificación común, conocida como edredón. Las rascaderas desempeñan un papel importante en la protección de la colonia.

Dieta y alimentación:

Su dieta consiste principalmente en invertebrados marinos, como mejillones, almejas y erizos de mar. Son hábiles buceadores y utilizan su fuerte pico para buscar comida en el fondo marino.

Nidificación y vida familiar:

Los eiders comunes suelen anidar en depresiones poco profundas en el suelo, forradas de plumas de plumón. La hembra pone una nidada de huevos, que incuba. Una vez que nacen los polluelos, son precociales, es decir, nacen con los ojos abiertos y son capaces de nadar y alimentarse por sí mismos.

Conservación y poblaciones:

Los eiders comunes no están considerados en peligro de extinción y sus poblaciones parecen estables. Sin embargo, como muchas especies del Ártico, pueden verse amenazadas por la alteración de su hábitat y el cambio climático. Los esfuerzos de conservación suelen centrarse en proteger sus zonas de nidificación y concienciar sobre la importancia de preservar los ecosistemas árticos.

Importancia cultural:

Estos eiders han fascinado a la gente por su comportamiento cooperativo a la hora de anidar y su capacidad para prosperar en las duras condiciones del Ártico. A menudo simbolizan la belleza y resistencia de la fauna ártica.

El eider común, con su llamativo aspecto, sus hábitos cooperativos de nidificación y su dedicación al medio ambiente ártico, es un símbolo del placer de observar aves y del papel vital que estos patos marinos desempeñan en los ecosistemas árticos. Su papel como marinos árticos subraya la importancia de preservar los frágiles ecosistemas del extremo norte.

ESCRIBANO AÑIL (PASSERINA CYANEA)

El escribano añil, conocido científicamente como Passerina cyanea, es un deslumbrante y vibrante pájaro cantor célebre por su llamativo plumaje azul celeste, sus alegres cantos y su presencia en los bosques y campos abiertos de Norteamérica. Con sus brillantes colores y melodiosas melodías, este escribano captura los corazones de los observadores de aves y entusiastas de la naturaleza durante los meses de verano.

Características físicas:

Los colorines añiles son pájaros pequeños, del tamaño de un gorrión, con rasgos distintivos. Los machos son conocidos por su brillante plumaje azul celeste, que puede variar en intensidad. Las hembras, en cambio, tienen un plumaje parduzco más tenue, con toques azules en las alas y la cola.

Hábitat y área de distribución:

Estos colorines habitan en diversos hábitats abiertos, como praderas, campos, zonas arbustivas y bordes de bosques, en el este y centro de Norteamérica durante la época de cría. Son migradores neotropicales que pasan el invierno en Centroamérica y el norte de Sudamérica.

Ciclo vital y comportamiento:

Los colorines añiles son conocidos por sus alegres y melodiosos cantos, que suelen oírse durante la época de cría. Son ágiles buscadores de alimento, saltan y revolotean entre las ramas y la vegetación en busca de insectos y semillas.

Dieta y alimentación:

Su dieta consiste principalmente en insectos durante la época de cría, como escarabajos, orugas y saltamontes. También se alimentan de semillas y bayas, sobre todo durante la migración y el invierno.

Nidificación y vida familiar:

Los escribanos añiles construyen nidos en forma de copa en la vegetación densa. La hembra pone una nidada de 3 a 4 huevos, que incuba. Una vez que nacen los pollos, ambos padres participan activamente en la alimentación y protección de las crías.

Conservación y poblaciones:

Los escribanos añiles no se consideran en peligro de extinción y sus poblaciones parecen estables. Son generalistas de hábitat y pueden prosperar en una variedad de paisajes abiertos. Los esfuerzos de conservación suelen centrarse en preservar sus hábitats de cría y fomentar prácticas agrícolas respetuosas con las aves.

Importancia cultural:

Estos colorines han fascinado a la gente con su vibrante plumaje azul y sus alegres cantos. A menudo simbolizan la belleza y la vitalidad del verano en Norteamérica y la alegría de observar aves.

El escribano añil, con su brillante plumaje azul, sus melodiosos cantos y su presencia en los prados y campos de Norteamérica, es un símbolo del placer de observar aves y del papel vital que estas aves cantoras desempeñan en los paisajes abiertos. Su papel como cantores estivales subraya la importancia de preservar los hábitats abiertos y promover prácticas respetuosas con las aves.

AVISO LEGAL